現代日本を支配する「空気」の正体

山本七平の新・日本人論

公開霊言

大川隆法
Ryuho Okawa

本霊言は、2013年5月29日（写真上・下）、幸福の科学総合本部にて、
質問者との対話形式で公開収録された。

まえがき

異質な眼を持つ評論家・山本七平が登場した時には、頭から冷水をあびせかけられて、目が覚めた日本人が多かった。当初、イザヤ・ベンダサンというユダヤ名をペンネームにして使っていたこともあって、「ユダヤ人から見たら、日本人はこう見えるのか。ナルホド、ナルホド…」ということが多かった。

本書でも言及されている『空気の研究』も、ほとんどネーミングだけで勝利した感はあるが、多くの日本人が、日本の政治は「空気」で動いていること、つまり、理屈では動いていないことを実感していた。目からウロコである。この状態は今も変わらず、様々なマスコミの醸《かも》し出す「空気」で政治がダッチロールしている。山本氏の「日本教」「日本教徒」という指摘も、多くの日本人が自覚しておりながら、その自覚が「無自覚」に基づいていたことを逆説的に論破したものだった。「水」や「自由」「安全」をタダだと思っていたこともその通りだった。「この慧眼《けいがん》の士が今の日本を見たら何と言うか。」ぜいたくな企画である。ぜひ一読をすすめたい。

二〇一三年　七月一日

幸福《こうふく》の科学《かがく》グループ創始者兼総裁《そうししゃけんそうさい》　大川隆法《おおかわりゅうほう》

公開霊言　山本七平の新・日本人論

現代日本を支配する「空気」の正体　目次

公開霊言《れいげん》　山本七平《やまもとしちへい》の新・日本人論

現代日本を支配する「空気」の正体

二〇一三年五月二十九日　山本七平の霊示《れいじ》
東京都・幸福の科学総合本部にて

2　日本人が信じている「日本教」とは　35

「霊言現象《れいげん》」とは、あの世の霊存在の言葉を語り下ろす現象のことをいう。これは高度な悟《さと》りを開いた者に特有のものであり、「霊媒現象《れいばい》」（トランス状態になって意識を失い、霊が一方的にしゃべる現象）とは異なる。

なお、「霊言」は、あくまでも霊人の意見であり、幸福の科学グループとしての見解と矛盾《むじゅん》する内容を含《ふく》む場合がある点、付記しておきたい。

公開霊言《れいげん》　山本《やまもと》七平《しちへい》の新・日本人論

現代日本を支配する「空気」の正体

二〇一三年五月二十九日　山本七平の霊示《れいじ》
東京都・幸福の科学総合本部にて

山本七平《やまもとしちへい》（一九二一〜一九九一）

山本書店店主。評論家。一九七〇年に、イザヤ・ベンダサン著、山本七平訳として『日本人とユダヤ人』を山本書店より発売し、ベストセラーとなる。日本社会・日本文化・日本人の行動様式を「空気」等の概念《がいねん》を用いて分析《ぶんせき》、その独自の業績を総称《そうしょう》して「山本学」と呼ばれた。七九年には、大平《おおひら》内閣の諮問《しもん》機関「文化の時代」研究グループの議長を、また、八四年には、中曽根《なかそね》内閣の諮問機関「臨時教育審議会《しんぎかい》」の第一部会専門委員を務めた。

質問者　※質問順

小林早賢《こばやしそうけん》（幸福の科学広報・危機管理担当副理事長）

高間智生《たかまともお》（幸福の科学メディア文化事業局部長）

［役職は収録時点のもの］

1　山本七平《やまもとしちへい》に訊《き》く「現代日本の空気」

「イザヤ・ベンダサン」としてのデビュー

大川隆法　今回は、山本七平《やまもとしちへい》という方を調べてみようと思います。

すでに亡《な》くなっている方でもあり、若い人たちには、この方の本を読んでいない人が多いのではないかと思われるため、少し気が引けなくもありません。ただ、現代の日本において力を持っている人たちにとっては印象の深い方でしょう。

一九二一年、大正十年生まれで、私の父親と生まれ年が同じですから、そのくらいのころの方だと思ってくださって結構です。

私が、彼の本を初めて見たのは、昭和四十五年、西暦《せいれき》では一九七〇年です。その前年の昭和四十四年には、安保闘争《あんぽとうそう》で東大が荒《あ》れており、大学入試が中止になりましたが、そんな時期ではありました。

彼は、昭和四十五年に、『日本人とユダヤ人』という本を、ユダヤ人と称《しょう》するイザヤ・ベンダサン著、山本七平訳ということにして、山本書店から出版したのですが、それが、無名の著者だったにもかかわらず、かなりのベストセラーになったのです。

当時、私は、中学二年生ぐらいであり、家の離《はな》れで勉強をしていたのですけれども、そこの押《お》し入れの上の段に、この単行本が置いてあったことを覚えています。たぶん、父親が買ってきて読んだものが、私のほうへ回ってきたのでしょう。

ところで、著者のイザヤ・ベンダサンについて、最初のうちは、みな、「本当にユダヤ人だ」と信じていたというか、騙《だま》されていました。また、当人も、五～六年ぐらいの間は、「ユダヤ人である」と頑張《がんば》っていたと思いますが、実際には、山本書店という、『旧約聖書』『新約聖書』関係の本を中心に出版する専門書店を経営していた書店主だったのです。彼は、『聖書』関係の本などを出版しており、自分でも本を読んだり、校正したりする「出版者 兼《けん》 編集者」であったため、『旧約聖書』や『新約聖書』関連については、日本人離れした豊富な知識を持っていました。そのため、書いてある内容を見て、「ユダヤ人だ」と騙された人は多かったわけです。

注目を集めた「異質な日本人論」

大川隆法　本人は、「私がイザヤ・ベンダサンでした」と、公式には一度も認めていないのですが、ほかの人に、そう決めつけられたにもかかわらず、反論をしなかったため、昭和五十年か五十一年ぐらいには、だいたい、ばれていました。「イザヤ」とあるため、最初は、本当にユダヤ人の名前のように見えたのですけれども、よく考えてみると、ふざけた名前ではあって、「いざや《イザヤ》」「弁《ベン》」「出さん《ダサン》」、つまり、「これから弁論を出すぞ」ということではないかと思われます。ところが、ここまで辿《たど》り着く前に、「イザヤ」の段階で騙されました。あまりにもユダヤについて詳《くわ》しかったため、「日本人であるはずがない」と思い込《こ》んでしまったわけです。

この作品で賞を受けた際にも、イザヤ・ベンダサン本人は出張中ということにして、友人の外国人が代理で受賞式に出席するなど、ずっと本人が出てこないままで通していました。

その間、山本書店主は、「私は、翻訳《ほんやく》をしているだけです」と言っていましたし、イザヤ・ベンダサンの本にも、「山本七平さんが迎《むか》えに来てくれて、車に乗せて、そこまで送ってくれた」などと書いてあるため、見事に騙されたわけです。

また、いろいろな人が読み、研究をしてはいたのですが、「翻訳が下手なせいか、硬《かた》い翻訳調の文章なので、やはり外国人の文章を訳したものだろう。日本人の文章にしては硬いような気がする」と言われていました。もしかしたら、わざと翻訳調に書いたのかもしれません。

ともかく、五年ぐらいは騙されていたと思いますし、だんだん分かってきたにもかかわらず、とうとう正体を明かさないままではありました。

中心は「日本人論」だと思います。日本人とユダヤ人の違《ちが》いを比較《ひかく》してみせたりするなど、「ユダヤ人の目から見て、日本がどう見えるか」という異質な目でもって、「日本論」、および、「日本人論」を書き著《あらわ》したのです。また、「日本教」や「日本教徒」という言葉を流行《はや》らせたりもしていました。ちょうど、一九七〇年代前後の高度成長期に入り、〝暴《あば》れていた〟学生が疲《つか》れてきて、その後、景気がよくなっていく時期ですけれども、そのころの人にとっては、非常に珍《めずら》しい「日本人論」だったわけです。

それにしても、まさか、「キリスト教の文献《ぶんけん》をずっと読んでいた人だから詳しかったのだ」という仕組みまでは分からなかったので、あれこれと取り沙汰《ざた》されたのでしょう。

「日本は『空気』で動く」という分析《ぶんせき》

大川隆法　私は大学に入ってから、政治学の通年授業で、京極純一《きょうごくじゅんいち》教授（現・東大名誉《めいよ》教授）に「政治過程論」を学んだのですが、彼は、山本七平さんがわりに好きでよく引用し、たくさんの著書を紹介《しょうかい》してくれました。そのなかでも、『空気』の研究』を紹介していたことを覚えていますが、この本については、確かに、評論家の谷沢永一《たにざわえいいち》さんも名著として紹介しているので、そのとおりなのかもしれません。

要するに、「日本という国は、『空気』で動く」というのです。

政治でも何でも「空気」で動き、例えば、会社であれば「この『空気』では、こういうことは言い出せない」とか、政治であれば「国民のこの『空気』では行けない」とか、「民主党を応援《おうえん》する『空気』」「自民党を応援する『空気』」「維新《いしん》が沈《しず》んでいく『空気』」とかがあるというわけです。

このように「『空気』で日本が動く」という分析《ぶんせき》をしており、京極教授には、それが面白《おもしろ》かったのだと思うのですが、ベンダサン名義の著作も含《ふく》め、『「空気」の研究』等を参考書として挙げていました。

確かに、日本には、いまだに「空気」で動いているところがありますので、このへんについても、意見を訊《き》いてみたいとは思います。

また、山本七平さんは、「日本教」や「日本教徒」という言葉もつくり、「日本人は、仏教、神道《しんとう》、キリスト教、儒教《じゅきょう》等、いろいろ言っているけれども、実際には、いわば、『日本教』という宗教の信者なのだ。既存《きぞん》の宗教に属していたり、その影響《えいきょう》を受けていたりするように見えて、実はそうではない。これは、日本教であり、日本教徒なのだ」と論じていました。

例えば、「日本人は、『水や自由、安全はタダだ』と思っている」というようなことが指摘《してき》されていると、こちらは、「ユダヤ人が書いている」と思って読んでいるため、「なるほど。砂漠《さばく》のほうでは水も貴重なのか」「『安全がタダだ』と思っているのは、確かにそのとおりだ。日本人は勘違《かんちが》いをしているのだな」と感じた覚えはあります。そういう意味では、非常に異質な視点からの指摘がなされていたのではないでしょうか。

本多勝一《ほんだかついち》との「百人斬《ぎ》り」論争

大川隆法　さらに、戦時中の日本軍の分析等もかなり詳しく行っています。

山本七平さんは、昭和十七年に青山学院を卒業したあと、軍隊へ入り、フィリピンのルソン島で戦争に参加したり、マニラで捕虜《ほりょ》収容所に入れられたりもしていますので、実際に戦争体験をしているわけです。

その体験から、彼は、実際に日本刀で人を斬《き》った体験がある者として、「（本多《ほんだ》勝一《かついち》氏の主張する）『百人斬り』など話にならない」という発言をしました。

これについては、先般《せんぱん》、「本多勝一の霊言《れいげん》」を収録した際（『本多勝一の守護霊《しゅごれい》インタビュー』〔幸福実現党刊〕参照）、本日の質問者でもある小林さんも触《ふ》れていましたが、それだけの人数を斬れないそうです。

日本刀というものは、人を斬ると刃《は》こぼれするだけではなく、曲がってしまうらしいですし、人間には脂《あぶら》もあれば骨もあるので、胴体《どうたい》など、それほど斬れるものではないのでしょう。実際上、二～三人も斬ったら、直せるレベルではないぐらいに曲がり、目茶苦茶《めちゃくちゃ》になって使えなくなるようなのです。

それならば、どうして宮本武蔵《みやもとむさし》が一乗寺《いちじょうじ》下《さが》り松《まつ》で数十人もの相手と戦えたのかは、よく分かりませんが、彼は、さすがに剣豪《けんごう》であるため、剣を長くもたせながら戦ったのではないでしょうか。二刀流でもありましたし、剣先だけでケガをさせることは可能なのかもしれません。ただし、まともに斬ったら、グニャリといってしまうこともあるわけです。

なお、古代の日本刀は、木刀《ぼくとう》で横から打たれると、たとえ名人がつくったものであっても、けっこうポキッと折れたりするぐらい、わりに華奢《きゃしゃ》なものではあったようです。

ともかく、「百人斬り」については、本多勝一氏よりも前に書いた人がいるわけですけれども、それが新聞に掲載《けいさい》されたため、体験論的に「そんなことはありえない」と反論したのでしょう。そのほかにも、軍事体験からつかんだ日本人の特徴《とくちょう》をいろいろと分析したりもしています。

山本七平の影響《えいきょう》を受けた京極純一《きょうごくじゅんいち》教授の政治学

大川隆法　おそらく、京極《きょうごく》教授にとっては、そういうところが政治学的に分析しても面白かったために紹介していたのだと思われますが、そのほかに、映画評論家なども取り上げたりする方だったので、政治過程論の授業を一年間、聴《き》いたもののの、私には腹の立つことも数多くありました。

何しろ、民俗《みんぞく》学のような感じもあれば、文化人類学のような感じもあり、映画評論家やイザヤ・ベンダサンなどが、たくさん取り上げられるので、「これほど目茶苦茶にさまざまなものが紹介されているが、本当に政治学だろうか」という不思議な感じがしたのです。

確かに、「日本では、政治が『空気』で動く」というのは、そのとおりなのかもしれませんが、それ以上には分析が進まないままでした。

また、彼は、授業で、「政治には、お金がかかります。お金は〝潤滑油《じゅんかつゆ》〟なのです」と言っていましたが、私も、いちおう、そのようにノートに書いた覚えがあります。

ちなみに、私が卒業して何年かたったころ、彼は、ＮＨＫで日曜日に放送されている座談会に東大教授として出演し、政治家やＮＨＫの解説委員等と討論をしたのですが、そのなかで、授業中と同じ言葉を使いました。「なぜ政治には、これほどお金がかかるのか」というような、マスコミがよく取り上げるテーマでの議論だったと思うのですが、そこで、「お金というのは、政治にとっては『潤滑油』なのです」と発言したわけです。

すると、司会の解説委員から、「え？　『お金が潤滑油だ』と言いましたか。『お金が必要悪だ』というのは分からないでもありませんが、『潤滑油』という言い方には、少々問題があるのではないでしょうか」という感じで突《つ》っ込まれて、そのあとは黙《だま》ってしまいました。座談会にもかかわらず、何も言わずに、ジーッと座《すわ》っていたのを覚えています。

それを見て、「東大教授がテレビの座談会などに出るものではない」ということが、よく分かりました。学生には聞かせられても、外では通じないことがあるわけです。

実際に、私も授業のなかで聴いたときに、同じように思いました。やはり、「お金は潤滑油です」という発言は、評論家が軽く使う分には構いませんけれども、学問的には少々危ないところがあるのです。

要するに、「昔は、天下を取ったり、大将を倒《たお》して自分が新しい大将になったりする際に、『殺し合い』をしていたが、今は、『選挙を行い、投票用紙に書く』という戦いになった。ただ、『殺し合い』をしなくなった代わりに、お金が潤滑油となって流れているのだ」というようなことでしょうから、それは、田中角栄《たなかかくえい》的な金権選挙を、ある程度、肯定《こうてい》するような考え方になります。

授業では、そういう言い方をしていたので、それを聴いたときに、「学問的に言い切るのは危ないだろう。踏《ふ》み込みが甘《あま》いのではないか」という感じを受けたことを、はっきりと覚えています。

私としては、京極教授の考えについて、「文化人類学や民俗学的な分析に近く、社会科学としての政治学としては、どうだろうか」という疑問を持っていたため、少々批判をぶつけたこともあるのですが、その際は言い訳をしておりました。

ちなみに、彼は、数学ができたらしく、大学院卒業時には、「計量政治学」という、投票の数などをもとに計量分析する政治学の論文に取り組み、それで博士号を取った初めての方だったようです。

なお、『幸福の法』（幸福の科学出版刊）に「私の大学の旧師にも、十七年に一冊しか本を書かないという人がいました」と書いたことがありますが、それは京極教授のことです。彼は、大教室での授業中に、「私は十七年に一回しか本を書きません」と言って自慢《じまん》していました。ところが、それを聴いた私は思わず、「頭、悪いなあ」と声に出してしまい、それが演壇《えんだん》まで届いたらしく、ギロッと睨《にら》まれ、不快そうにされたことがあります。

また、彼が、変な参考書を紹介したときにも、「あんなくだらない本を、よく読むなあ」とパッと言ってしまったことがありました。私は、たいがい前のほうの席に座っていたために、これも聞こえたようで、「いや、別に、『買え』と強制しているわけではありません」と言い出したりしたこともあります。どうやら、この方とは、あまり〝潤滑油〟がうまくいっていなかったのでしょう（会場笑）。

山本七平の遺《のこ》した功績

大川隆法　いずれにしても、京極教授が、山本七平さんを紹介してくれたことは事実です。確かに、谷沢永一さんあたりでも、『「空気」の研究』を「名著だ」とほめているので、そうなのかもしれません。

ただ、小室直樹《こむろなおき》さんあたりの評論家になると、「山本七平は、本物の碩学《せきがく》ではない」というようなことを書いていたと思います。

小室さんは、京大の数学科を卒業後、阪大《はんだい》大学院をはじめ、外国の大学をたくさんハシゴして経済学を学び、最後に東大大学院の法学政治学研究科に来て法学博士号を取得した人であり、四十代まで学生をしていました。そのように長い学生生活を送った方から見ると、山本七平さんは、一見、ものすごく学問が深いように見えるけれども本物ではないのでしょう。いろいろな学問をよく勉強している方であればこそ、そう見えたのかもしれません。

一方、谷沢さんは、口の悪い人ではあるけれども、いちおう、ほめてはいましたので、評価としては両方あるのではないかと思います。

いずれにしても、山本七平さんは、日本人に、「異質な目を持ち、『ユダヤ人から見たらどう見えるか』という第三者の視点から自分自身を見つめる」ということを教えてくれたのではないでしょうか。それから、「キリスト教文化と日本文化を対照して見る」というところも面白かった部分でしょう。

また、日本の歴史や『論語』等、さまざまなジャンルにまで踏み込んではいるので、碩学だったかどうかは分かりませんが、頑張って勉強なされたことは事実だと思います。書店主として経営者でありながら、その傍《かたわ》ら、自分でも執筆《しっぴつ》活動をするぐらい努力されたわけですし、現在、「山本七平賞」（ＰＨＰ研究所が主催《しゅさい》する山本七平を記念する学術賞）ができているぐらいですから、ある程度の人ではないでしょうか。

評論家・山本七平を招霊《しょうれい》する

大川隆法　彼が、死後、どこへ行っているかは、まだ調べていませんが、実際に日本刀で人を斬ったことがあるそうですから、「あるいは」ということもありえます。

さて、思想の力が勝って、しっかりと天国へ行っていらっしゃるのでしょうか。それとも、日本刀で斬ったことが悪く残っているのでしょうか。あるいは、キリスト教的視点からの宗教の見方や、日本人論に誤りがあったかもしれません。このへんについては分からないところがありますが、まともに話ができるようであれば、ご意見を伺《うかが》いたいと思います。

さらに、現代の政治や、今後の課題等についても、お訊きできればありがたいと思います。これは、現在ただいまの話でもありますが、いちおう日本人論の典型ではありますので、幸福の科学大学が開学されるときには、政治学的にも使えるでしょうし、また、それ以外にも、異文化コミュニケーション的な部分における日本人論としても勉強になるテーマだと考えます。

少々、前置きが長くなりましたけれども、この方の本をまだ読んだことのない人もいるかと思い、概要《がいよう》についてお話ししました。

では、呼んでみます。事前に話をしておらず、先ほど少しだけ声をかけてみたところ、少なからず、「うん？」という感じがあったので、何とも分かりかねますが、始めてみたいと思います。

それでは、イザヤ・ベンダサンのペンネームでデビューし、山本七平として評論家の名を高《たか》からしめた山本七平さんに、今日は、幸福の科学総合本部にご降臨いただいて、ご高説を賜《たまわ》れれば幸いです。

われらは、今、政治学や日本のあり方、あるいは、日本人論について、勉学の途上《とじょう》にある者であります。

どうか、われらに、ご高見をお教えくださり、正しい道にお導きくださいますよう、心の底よりお願い申し上げます。

山本七平の霊、流れ入《い》る。

山本七平の霊、流れ入る。

山本七平の霊、流れ入る、流れ入る、流れ入る、流れ入る。

山本七平の霊、流れ入る、流れ入る、流れ入る、流れ入る、流れ入る。

山本七平の霊、流れ入る、流れ入る、流れ入る、流れ入る、流れ入る、流れ入る、流れ入る。


（約三十秒間の沈黙《ちんもく》）

2　日本人が信じている「日本教」とは

「イザヤ・ベンダサン」を名乗って登場

小林　評論家の山本七平さんでいらっしゃいますか。

山本七平　うーん……。いや、イザヤ・ベンダサンだ。

小林　（笑）イザヤ・ベンダサンで行きますか。

山本七平　うーん……。

小林　「ペンネームのほうがいい」ということでしょうか。

山本七平　うーん……。

小林　「本名では、ちょっとまだ」という……。

山本七平　いやあ、山本七平でもいいが、少し用心している。

小林　あ、用心されているんですか。

山本七平　君たちは最近、なんか〝荒《あら》っぽい商売〟をやっているんだろう？

小林　いえいえいえ。

山本七平　なんか、「つるし上げを次々とやっている」という噂《うわさ》が飛び交《か》っている。

小林　いやいや。私は、山本七平さんの生前の業績にたいへん感銘《かんめい》を受けておりまして……。

山本七平　そう？　そうかなあ。

小林　ええ。彗星《すいせい》のごとく登場した……。

山本七平　そうだ。

小林　一九七〇年の、あの大ベストセラー（『日本人とユダヤ人』）は、わが家《や》でも、なぜか床《とこ》の間《ま》に置いてありました。

山本七平　床の間に？

小林　ええ。

山本七平　君、なかなかできるなあ。

小林　私は、小学生ながらに、「こんなことを書く人がいるのか」と思って……。

山本七平　おお！　床の間で？

小林　ええ。

山本七平　ほう！

小林　感動しましたし……。

山本七平　ほう！

小林　それから、確か……。

山本七平　君、嘘《うそ》つきと違《ちが》うよね？（会場笑）私も嘘つきだからしょうがないけど。

小林　こちらの『「空気」の研究』もベストセラーになっております。

山本七平　ああ、そうそうそう。『「空気」の研究』は……。

小林　この本は、確か私の高校卒業の年に出ましたので、受験勉強の合間《あいま》に……。

山本七平　おお！　合間に!?　「空気」の勉強をした？

小林　「ああ、なるほど、なるほど」と思って……。

山本七平　「なるほど」と。おお！

小林　勉強させていただきましたので、そういう意味では、今日は非常に楽しみにしております。決して、つるし上げとか、そんな悪い意図は持っておりません。

「あそこへ行くと、ひどい目に遭《あ》う」とささやく者がいた？

山本七平　そうか。なんか、ちょっと、周りからささやく者がおるのでな。「あそこへ行くと、ひどい目に遭《あ》う」という人が何人かいる。

小林　どなたから……。

山本七平　いや、最近、なんか、印象の悪い人がいたんじゃないか？

小林　何かささやいた方がいらっしゃったんですか。

山本七平　最近、印象の悪い方が何人かいたんじゃないか？

小林　ああ……。本多勝一《ほんだかついち》さんとか（前掲《ぜんけい》『本多勝一の守護霊《しゅごれい》インタビュー』参照）。

山本七平　ここで、いじめられた人が、何人かいたんじゃないの？

小林　ああ。

山本七平　なあ？　なんか、ワイワイと言っているので。「ひどい目に遭うぞ」と……。

小林　そうですか。

山本七平　「サービスしないほうがいいぞ」と言っている人がいる。

小林　いえいえ。今日は、ぜひ、ご高説を頂きたいと思っております。

「全員一致《いっち》は無効」のユダヤ人、「多数」に追随《ついずい》する日本人

小林　生前の評論活動が、非常に多岐《たき》にわたっておられましたので……。

山本七平　うんうん、うんうん。

小林　なかなか、全部というわけにはいかないのですが、特に、昨今の日本の状《じょう》況《きょう》からすると、現代の「空気」の研究あたりから入るのが、いちばん山本先生にふさわしいかと思います。

山本七平　なるほど。

小林　そこで、最初の質問ですけれども、生前のご著書に、「将来、もし日本を破滅《はめつ》させるものがあるとしたら、それは、大事な場面で、日本国民が『空気』に支配されて重要な決断を間違えることである」ということが書かれていたと思います。

山本七平　うんうん。

小林　二〇一三年の今の日本は、まさに、山本七平さんが旧約の預言者のごとく予言されたような状況になっています。こうした現代日本の「空気」について、どのようにお感じになっておられるでしょうか。

山本七平　いやねえ、日本人は怖《こわ》いよ。「多数がそっちに行く」と思うと、価値判断を抜《ぬ》きにして追随《ついずい》し、みんなが行き始めると、もう止まらなくなる。そういうところがあるよね？

ユダヤ人は、伝統的に、「全員一致《いっち》」の場合は「無効」なんだよ。ユダヤ人の知恵《ちえ》でね。全員の意見が一致するのは、よほどエキセントリック（常軌《じょうき》を逸《いっ》した状態）になっている場合が多いからさ。興奮して、ガーッとなっている場合が多いから、「全員一致は無効」というのが、いちおう、ユダヤの知恵としては原則なんだよな。

例外は、イエスの十字架《じゅうじか》なんだ。あれは全員一致だから、本当は無効なんだよ。あれだけは、無効なのに実行されてしまった。そういう、まことに珍《めずら》しい例だけど、ユダヤ人には、「全員一致の場合は、感情的になりすぎていて、いわゆる『空気』の支配を受けているから、それに乗ったら危ない。判断を間違う。やはり、知恵ある者は、反対意見も出した上で決めていかなければいけない」という考え方が強い。

一方、日本の場合は、だいたい、多数が走り始めたら止まらないよなあ。だから、民主党の鳩山《はとやま》が、「東アジアを友愛の海にする」と言って、バーッと走ったら、その四年後は、友愛の海どころか、アジアは〝地雷原《じらいげん》〟ですよねえ。そして、今度はアベノミクスが大暴《おおあば》れで、もう、あっちに行ったり、こっちに行ったりしている。

だから、あまり定見《ていけん》がない感じはしますねえ。

日本人のほぼ百パーセントが「日本教徒」

小林　その点に関連してお訊《き》きしたいのが、今、おっしゃったとおり、その「友愛の海」が、実は大変な荒れた海であったことが国民にも分かってきましたし、最近、北朝鮮《きたちょうせん》がミサイルを発射して、「日本の国民も、やっと国防に目が開けてきたか」と思いきや、「憲法改正をしようか」と言った途端《とたん》、また、ピタッと議論が止まり、この一カ月ぐらい思考停止のような状態で、一気に大政翼賛会《たいせいよくさんかい》のようになり、安倍《あべ》首相もシューンとしぼんでしまいました。「『憲法改正』という言葉を聞いた途端に、また『空気』の亡霊《ぼうれい》がグッと動き出してきた」というような印象を強く受けたのです。

山本七平　だから、日本人はねえ、正しく自己認識ができているかどうか、怪《あや》しいんだよな。

「信仰心《しんこうしん》がない」とか、「神様を信じない」とか言うわりには、「日本教」は信じているんですよ。ほぼ百パーセント「日本教徒」なんですよ。

日本教で問われるのは「日本人として空気支配に委《ゆだ》ねること」

小林　生前の「日本教」に関するご著書も読ませていただいたのですけれども、山本七平さんのおっしゃっていた「日本教」の意味が、私には、いまひとつよく分かりませんでした。

というのも、通常、宗教には、「神がいて、教祖がいて、教えがあって、教団がある」という一つの構造があるわけですが、「日本教」というものを宗教という視点から見たときに、その「構造」という点で、うまく理解がいかなかったのです。

山本七平　（日本人は）仏教徒を名乗っておりながら、仏教徒でもない。だって、仏教の戒律《かいりつ》なんか、実際上、何にも守っていないでしょう？

また、儒教《じゅきょう》であったようなことを言っているわりには、まあ、ヤクザが一部、任侠道《にんきょうどう》を守っているかもしらんけど（笑）、一般《いっぱん》の人は儒教を守ってもいないし、日本神道《しんとう》も、これまた、鳥居《とりい》をくぐるぐらいはあるけど、「宗教ではない」と自分で言うぐらいのところだからね。「なぜ、うちが宗教なんでしょうか」と、神社本庁が言うぐらいですから、教義もなければ、教祖もいない。「なぜ宗教なんでしょうか」と言いつつ、宗教をやっている。

先般、ある新聞が、「日本人には、神様を信じている人が四・何パーセントしかいない。世界最低レベルの信仰心しかない」みたいなことを書いておったらしい。しかし、「伊勢神宮《いせじんぐう》の式年遷宮《しきねんせんぐう》で、二十年ごとに（本殿《ほんでん》の）移築をするに当たっては、一千万人も参拝《さんぱい》に来る」というんだよなあ。あの鳥居をくぐりに。これで、「本当に神様を信じていないのか」と言われると、ちょっと首をかしげるよな。

外国では、いわゆる宗教の信者の場合、例えば、クリスチャンなら、「自殺したら天国に行けない」とか、「自殺したら、お墓に入れてくれない」とか、いろいろ、教義による縛《しば》りがあり、それが警戒心として働いて、行動に規制がかかったりするわけよ。

しかし、日本教の場合は、そういう、いろいろな宗教が、ちょっとかすってはいるけど、みんな忘れていて、「日本人として行動しているかどうか」「空気の支配に委《ゆだ》ねているかどうか」以外は特に問われない。

ほかの宗教を骨抜《ほねぬ》きにする力がある日本教

小林　「比較《ひかく》宗教論を始めて、論争になってしまってもいけない」と思いましたので……。

山本七平　あ、そうかそうか。

小林「そのテーマは後半のほうで」と思っていたのですが、せっかく触《ふ》れていただきましたので、少しだけ申し上げますと……。

山本七平　いやいや、政治でもいいですよ。

小林　例えば、今、おっしゃられたような、「何となくの雰囲気《ふんいき》で、一千万もの人が伊勢神宮に行く」という現象は、ユダヤ・キリスト教の正義の価値観を持っている人からすると、理解できないといいますか……。

山本七平　そうそう。みんな、「メッカに行ったり、エルサレムに行ったりするのと一緒《いっしょ》か」と思うよな？

小林　ええ。逆に、批判的な立場の方からは、「キリスト教には、日本社会での伝道に成功し切れなかった部分があるため、例えば、『伊勢神宮や出雲《いずも》大社に大勢の方が行かれて、求心力がある、あるいは、あった』ということに対して、悔《くや》しい気持ちがあるのではないか」という指摘《してき》もあったのですが。

山本七平　だからね、結局、日本教には、ほかの宗教を骨抜《ほねぬ》きにする力があるんですよ。いったん日本教に浸《つ》かると、もう本当にねえ、ピラニアに食われた魚みたいに、骨だけになってしまうようなところがある。これに、いったん染まると、クリスチャンの大平《おおひら》（正芳《まさよし》）さんでも伊勢神宮に参拝するし、クリスチャンと称《しょう》する麻生《あそう》（太郎《たろう》）さんでも首相のときに伊勢神宮にお行きになる。

「クリスチャンが伊勢神宮にお参りする」というのは、まことにおかしいことではあるけども、首相としての立場とかいうんだったら、ちゃんと行くわけですよ。

小林　まあ、今日は、あまりその点を論争のメインにしたくはないのですが。

山本七平　あ、そう？　論争の趣旨《しゅし》じゃないんだな？

クリスチャン首相に靖国参拝《やすくにさんぱい》をさせる「空気の支配」

小林　ただ、日本神道は、どちらかというと、祭政一致、政教一致的な側面を持っているので、「政治家になったら、ある程度、日本神道に配慮《はいりょ》せざるをえなかった」ということで、そこは説明がつくのではないかと思います。

山本七平　だからね、「首相だけ、『俺《おれ》はクリスチャンだから行かねえよ』と言えない」という「空気」に支配されるわけね。「俺はクリスチャンなんだ。だから行けないんだ。ごめんよ」と言えない。

小林　ああ、なるほど。

山本七平　今だってそうだろう？　麻生さんが、この前、靖国《やすくに》に参拝《さんぱい》に行って、韓国《かんこく》や中国がギャアギャア批判しているじゃない？　クリスチャンなんだから、靖国になんか、全然行く必要はないんだけど、ちゃんと行っている。これは「空気」なんだよなあ。

3　山本七平の「比較《ひかく》宗教論」

キリスト教での「神の子」はイエス・キリストだけ

高間　モーセの十戒《じっかい》の第一戒が、「私以外を神とすることなかれ」ということですので……。

山本七平　ああ、勉強し直したか。

高間　クリスチャンが伊勢神宮《いせじんぐう》に行くのは、モーセの十戒に反しています。

山本七平　そうだな。日本の新聞とか、いろいろなものが、「神を信じていない」と言うときの「神」は、向こうで言えば、Ｇｏｄ《ゴッド》だよな。Ｇが大文字であるか小文字であるかの違《ちが》いがあるわけよ。

日本には、小文字のｇｏｄがたくさんいるんだけど、向こうは、大文字のＧｏｄなんだよな。だから、Ｇｏｄは一人なんだ。イエス・キリストでさえ、Ｇｏｄではない。あれは、Ｇｏｄの独《ひと》り子なんだよ。イエスがチャイルドなのよ。ね？だから、あなたがたが言っている「神の子」というのも、日本でなら「神の子」はいくらでも通じるんだけども、あっちでは、そう簡単に通じない面があるわけだよな。

つまり、大文字のＧｏｄがたくさんいては困るわけよ。

小林　うーん。どうしても、そちらの議論になりますか。

山本七平　あ、ごめんなあ。君ら、政治の話をしたいのか。

小林　いえ、せっかくですので……。

山本七平　じゃあ、合わせるよ。評論家だから。

小林　いやいや。ここまで来たので、この議論を、あとワンポイントだけします。

山本七平　ああ、ああ。

仏陀《ぶっだ》を「Ｇｏｄ《ゴッド》」に位置づけて説明した本地垂迹説《ほんじすいじゃくせつ》

小林　日本は、多神教型ではありますが、いちおう、「八百万《やおよろず》の神々は仏の化身《けしん》である」という本地垂迹説《ほんじすいじゃくせつ》で、仏陀《ぶっだ》が「Ｇｏｄ《ゴッド》」の位置に収まったことで、少なくとも千年以上、明治維新《いしん》までは、そこの部分の解決がついていたと思います。

山本七平　いやあ、でも、仏の数が多くてね。宗派によって、仏さんが違うでしょう？

小林　ええ。しかし、それらも、最終的には、大毘盧遮那仏《だいびるしゃなぶつ》のいろいろな側面ですので、そうは言いつつも……。

山本七平　いやあ、そんなことはないじゃない？　本願寺《ほんがんじ》に行って、それと同じことを言ってこいよ。本願寺に行って、「最終的には、大毘盧遮那仏ですよね」って、君、言ってごらん？
公称《こうしょう》一千二百万だよ、真宗《しんしゅう》は。フッフフ……。

小林　ですから、「あるときは毘盧遮那仏という顔で顕《あらわ》れ、また、あるときは救済仏の顔で顕れる」と……。

山本七平　「違います」と言う？

小林　いやいや。これは、幸福の科学のほうで説得していくべきことなんですけれども、今、おっしゃった部分は、長い目で見ると、仏教が上手に束《たば》ねてきていたのです。しかし、明治以降、国家神道《しんとう》が出てきたときに、やや、ごたごたがあって、いったん神道と仏教とのつながりが切れたため、その後、いろいろと面倒《めんどう》なことが起きてしまったわけです。

ですから、ここは、「空気」で説明しなくても、話としては論理的に通るのではないでしょうか。

「神の声が聞こえた宗教」と「神の声が聞こえない宗教」

山本七平　あのね、もう一つ言っておかないといかんことは、君たち日本人……、俺《おれ》が言うのはおかしいかな（笑）。これはベンダサンの立場だけど、君たち日本人は世界宗教的なものを勘違《かんちが》いしている。

まあ、小さい宗教はいろいろあるから、それは無視することにしようや。世界宗教レベルまで来た宗教、世界に知られている宗教においてはだねえ、「神様の声が聞こえた宗教」と、「神様の声が聞けなかった宗教」があるんだよ。

例えば、古代ユダヤ教と言われる、イエス以前のユダヤ教では、神様の声が聞こえているわけだね。モーセもそうだし、ほかの預言者たちもそうだけど、神様が命令をされる。あるいは、約束をされる。契約《けいやく》をされる。そういう神様の声が聞こえているの。

それから、イスラム教も、神様の声が聞こえているわけよ。ムハンマド（マホメット）を通して、神の声が直接聞こえている。

ただ、キリスト教という新教の場合、イエスの言葉は『聖書』に載《の》っていて、「神が指導しているのだろう」とは思われているけども、（『新約聖書』には）「神の言葉だ」とは書かれていないんですよ。

つまり、旧教のユダヤ教が新教のキリスト教を認めていない理由は、神の言葉が分からないからなんですよ。『新約聖書』というのは、イエスの言行録《げんこうろく》なんです。要するに、イエスは人間か、あるいは、せいぜい言って、神の子なんです。神の子というのは、よそで言う預言者ぐらいでしょうけども、要するに、『新約聖書』は、人間の言行録なんです。

それから、仏教だって、いちおう人間の言行録なんですよ。仏陀という人間の言行録です。ソクラテスの哲学《てつがく》も、人間の言行録なんです。まあ、「ダイモンという守護霊《しゅごれい》、守護神がいた」とは言われているけど、その守護神の声が、ストレートに教えを説いているわけではない。指導はしているけれども、ソクラテスの言葉として説かれているんですね。

『論語』を見てもそうです。あなたがたは、「孔子《こうし》は偉《えら》い人だ」と言うかもしらんけれども、孔子は「天《てん》」という言葉ぐらいは使っているものの、(『論語』には)神様と話をした痕跡《こんせき》がどこにも載っておりませんね。「天」という言葉、あるいは「天帝《てんてい》」という言葉は使っているかもしれないけれども、結局、神様のことは、はっきり分からず、神の声は聞こえていない。

幸福の科学は「神の声が聞こえる宗教」

山本七平　だから、二千五百年ぐらい前にできた宗教からあとは、神の声が聞こえていないのよ。それより前にあった宗教と、まあ、そのあとでも、中東に起きたイスラム教については、神の声が聞こえているわけね。

そのように、「神の声が聞こえている宗教」と、「神の声が聞こえていない宗教」があるわけだけど、神の声が直接聞こえていない宗教の場合、「人間がしゃべったり行動したりした」ということになるので、ちょっと人間くさくなっているわけね。

つまり、「人間たちが議論して決めてもいい」というようなものに、ちょっと近づいてきている感じがあるので、神の声が聞こえた宗教から見ると、「格落ち」

に見えるわけ。

だから、ユダヤ教からは、キリスト教が「格落ち」に見えるし、イスラム教からも、キリスト教のほうが「格落ち」に見えているところがある。

それで、あなたがたは、「神の声が聞こえる宗教」なわけよ。要するに、これは、ある意味で、新しいかたちの『旧約聖書』型というか、ユダヤ教型とイスラム教型に少し似たタイプの宗教であるんですよ。

「神が人間として生まれている」という説明は難しい

小林　ですから、旧約の民《たみ》のタイプの方々にも理解が進むように、今、あえて霊《れい》言《げん》というスタイルを取り、〝主語〟を変えたかたちで全世界に出している部分があるわけです。山本さんは、基本的に宗教を十分勉強されていたので、お分かりだと思うのですが、私たちハッピー・サイエンスや仏教の立場は、「モーセがその声を聴《き》いた『神そのもの』が地上に降りてきている」というものであり、これが出発点なのです。

山本七平　ここの説明が、特に難しいな。いや、これが君らにとっての、いちばんの難関だな。

小林　それは分かっていますし、「われわれの地上での伝道の実績や、説得力の問題だ」ということも分かっています。

山本七平　いやいや。もう一回、繰《く》り返し、君に分かるように言うよ。いい？ベンダサンとして言うよ。

小林　はい。

山本七平　「神の声が聞こえた宗教」と、「神の声が聞こえなかった宗教」がある。それで、神の声が聞こえた宗教では、「神は人間に生まれない。天上界《てんじょうかい》にずっとおられて、人間を指導はするけれども、人間には生まれない」ということになっている。

一方、地上に生まれた人間が言行録を遺《のこ》して起こした宗教のほうでは、「（その人は）神様ではない」ということになっている。

ところが、今、「人間として生まれたけども、神様でもある」という宗教が出てきているから、これが、非常に難しい分析《ぶんせき》対象になっているわけだ。

君らの教え自体は、確かに、多神教的であるし、多様であるので、いわゆる日本教との親和性が非常に高いんだけども、これは、もう一つ言うと、例の「現人《あらひと》神《がみ》のスタイル」に極《きわ》めて似たものでもあるわけなんだよ。

小林　そのままの言葉で遺されては困りますので、二点、反論しておきます。

「仏陀再誕《ぶっださいたん》」を否定する小乗《しょうじょう》仏教が間違《まちが》っている理由

山本七平　うんうん。

小林　一点目の反論ですが、私たちは、同じような議論に、スリランカで出合いました。

要するに、「仏陀《ぶっだ》は、いわば偉い神様のようなものなのだから、霊界《れいかい》に戻《もど》ったら、もう二度と地上には生まれてこない」ということを、小乗《しょうじょう》仏教の方々が主張しておられたのです。

山本七平　うーん、うん。

小林　これに対して、われわれが説得したポイントは二つあります。一つは、「衆生《しゅじょう》を本当に救いたければ、仏陀が地上に出てこないわけがない」ということです。

もう一つは、「『仏陀は地上に生まれてこない』と言って喜ぶのはいったい誰《だれ》か。それは悪魔《あくま》である」ということです。これで、スリランカの方は納得《なっとく》されたんですね。

山本七平　うーん。

小林　ですから、「究極の神は地上に生まれてこない」というのは、気をつけないと、悪魔の論理にすり替《か》わるのです。その部分については、これから、小乗仏教だけではなく、いわゆる『旧約』の教典の民や、その影響《えいきょう》を受けている方々にも、お話をしていきたいと思っています。

法を説く「仏陀《ぶっだ》」、法を説かない「現人神《あらひとがみ》」

小林　二点目は、「現人神《あらひとがみ》と、法を説く仏陀《ぶっだ》とは明確に違《ちが》う」ということです。これを説き切るのが、われわれの世界伝道のポイントでもあると思っています。要するに、「幸福の科学の教祖であるマスター・オオカワという方は、イザヤ・ベンダサンがおっしゃる『現人神』とは違うのだ」ということです。

ただ、この現人神の分析が、先ほどの「空気の研究」に非常に関連してくるので、そちらの話題のほうに入らせていただきたいと思います。

山本七平　まあ、二点目は、たぶん、何とか乗り切れるとは思うけどね。日本の天皇制は、天皇が教えを説かないからさ。ここ（幸福の科学）は教えを説くから、たぶん乗り切れるだろう。

もし、天皇が教えを説いて、「現人神だ」と言った場合は、ややこしいことにはなるよ。けども、基本的に教えを説かないから、二点目については、たぶん、説得で乗り切れるだろうとは思うけどね。

「新しい教え」が説かれるべき現代の特殊性《とくしゅ》

山本七平　あと、一点目のスリランカの議論だけども、基本的に、あれだろう？まあ、言ってみれば、「一家の主人は床《とこ》の間《ま》を背にして座《すわ》っているものだ」という教えだよ。

つまり、「マスターというか、主人というか、主なる神は、床の間を背にして座るべきもので、首座に座って、いちばんいいものを食べるものだ」という教えがあるわけよ。まあ、これはあってもいい教えだよな。「床の間の掛《か》け軸《じく》の前に座れ」という教えがある。

しかし、「だからといって、『台所に行ったり、トイレに行ったりするな』というのは、言いすぎですよ」と、まあ、こういうことだわな。

ときどきは、台所を覗《のぞ》きに行ったっていいだろう。戦前は、「男子厨房《ちゅうぼう》に入《い》るべからず」と言って、「男子が台所に入るものではない」という教えがあったけど、今は、男子も入るわなあ。

だから、主として、床の間に座るべきではあるけども、「ほかの所へ行ってはいかん」というわけではない。「どこにも行けない」というのは監禁《かんきん》されている状態だけど、確かに、神様は監禁できないわな。

小林　その点に関しては、やはり、現代の特殊性《とくしゅ》を理解しておく必要があると思うのです。

今は、昔のイエス様の時代などに比べ、人間の悩《なや》みというものが、例えば、貧しさであるとか、仕事上の失敗であるとか、社会形態に合わせてかなり複雑になってきていますので、神様であっても、〝台所〟に行って〝料理のつくり方〟などを教えなければいけません。「そういう必然性が、ある程度、地上にある」という部分は、キリスト教やユダヤ教が説かれた時代との違いでしょう。

仏教にもキリスト教にもある「神仏《しんぶつ》が還《かえ》ってくる」という教え

山本七平　まあ、それは、論理としては、何とか説得できるよ。

例えば、浄土宗《じょうどしゅう》、浄土真宗系は、「仏は還《かえ》ってくる」という教えを中心にしている。救済ということを中心にすれば、絶対そうなるからね。

「自分は、悟《さと》ったから、もう一丁上がりで、さようなら、バイバイ」というのは、いくら何でも冷たすぎで、これは〝宇宙人の仏〟しか考えられないよな。もう、UFOに乗って、ふるさとの星に帰っていくような感じだよなあ。

やはり、「仏が助けにくる」という信仰《しんこう》がちゃんとあるわけだから、そのへんの他力信仰型の仏教徒たちは、君たちの教えに触《ふ》れて、「ああ、間違いではないんだ」と、ホッとしている。(仏が)もう還ってこないのでは困るので、たぶん、「ありがたい」という気持ちが半分あるだろう。

キリスト教だって、キリストが十字架《じゅうじか》に架かったあと、復活しただけで終わっているわけではないし、さらに、「未来永劫《えいごう》、生まれ変わってこない」なんて言っていないわけだよ。

「世紀末に、イエスが光る雲に乗ってやってくる。その日、その時を見過ごすなかれ」という教えが、ちゃんとキリスト教にもあって……。

小林　それを説明していただきまして、ありがとうございます。

山本七平　「みんな、目を凝《こ》らしておれ」ということで、「ものみの塔《とう》」（エホバの証人）とかもあるわけだ。「見落としてはいかん。一生懸命《いっしょうけんめい》、見ておれ」というのが、実際に、イエスの言葉として遺っているからさ。

そういう意味では、両方、どっちから行っても、つくれないことはない理論だよ。

小林　ありがとうございます。

山本七平　うん、うん。

4 「空気」の発生原因

「清貧《せいひん》の思想」が底辺に流れている日本

小林　日本の「空気」について話を戻《もど》しますと、今の日本には、例えば、中国や自虐《じぎゃく》史観の話になると、急にものが言えなくなる「空気」があります。

山本七平さんは、生前、「空気」の一つの特徴《とくちょう》として集団ヒステリーを挙げ、それについて、公害を例に取り、ずいぶん述べておられました。

山本七平　そうだね。

小林　例えば、専門家が、「工場の排出物《はいしゅつぶつ》が病気の原因ではない」ということを突《つ》き止め、その発表を促《うなが》しても、公害で非難されていた会社の社長が、「いや、今の空気では言えない」として発表しなかったことを、批判なさっていました。

このような状況《じょうきょう》は、今であれば、原発に関する、日本の集団ヒステリーにもよく似ています。

ところで、日下公人《くさかきみんど》さんが、生前の山本七平さんに、「あなたは、評論家や作家、山本書店の店主など、いろいろな顔を持っておられますが、どれを最も誇《ほこ》りとされますか」と訊《き》いたとき、山本さんは、「私は、『山本書店の店主として、経営に成功している』ということに最も誇りを感じる」とお答えになったので……。

山本七平　ああ。そうだなあ。

小林　そのことを、日下公人さんは、「批判ばかりしている在野《ざいや》の評論家とは、わけが違《ちが》う」として、非常に評価しておられました。

山本七平　そうだなあ。言っていたねえ。日下さん、あのころは若かったなあ。確か、私のことを、「経営者なのだ」と言っていたな。

小林　最近の日本の「空気」としては、「景気を回復させるために、お金を持っている人、つまり経営者等を大切にしましょう」と言おうとしても、そういう話をしてはいけないような雰囲気《ふんいき》もあります。

山本七平　そこが疑似《ぎじ》宗教なんだよ。宗教的な「清貧《せいひん》の思想」が、けっこう底辺に流れているんだ。それはキリスト教にも仏教にも少しは入っているけどね。

「空気」は時代によって変化している

小林　そこで、お訊きしたいのですが、「空気」の根本《こんぽん》の発生原因は、いったい、どのあたりにあるのでしょうか。

山本七平　「空気」も時代によって変化しているだろうと思うんだよな。

先ほど君が言った、公害に対する反応は、今、中国に移動していて、中国もまた「空気」に支配され始めている。中国では、政府の完全制圧型が弱まり、しだいに公害反対運動が広がりつつあるのでね。日本の一九六〇年代や七〇年代の「空気」が、今は中国に少し移動してきているので、あそこでも公害反対運動が起き始めている。

やはり、そうは言ったって、「ひどい目に遭《あ》うのは敵《かな》わん」ということですよ。

あそこの政府の公害管理は非常にひどいですからね。それに対して、やっと住民が立ち上がり、意見を言い始めたので、以前の日本と似たような「空気」がある。ただ、向こうの「空気」とこちらの「空気」は違うんだよなあ。ゴビ砂漠《さばく》から砂が日本に飛んでくるのは速いんだけども、実際の「空気」はだいぶ違っていて、今、こちらとは違ったところを走っている感じだねえ。

日本教の本質は「人間の生命《せいめい》の安全」

山本七平　結局、「空気」と言いつつも、日本教の核心《かくしん》は何かというと、「生命《せいめい》」なんだよ。つまり、「人間の生命の安全」のところが、実は日本教の中心なんだ。

鎖国《さこく》時代に培《つちか》われたものとして、「国法に則《のっと》って鎖国をしているかぎり、一切《いっさい》、安全だ」という考えがずっとあったんだけど、鎖国が解けてから、それが少し危《あや》うくなってきたわけね。

だから、日本教の原点を探《さぐ》ると、新聞だろうがテレビだろうが、みんな一緒《いっしょ》さ。要するに、「人の命に害があるかどうか」ということが、判断基準のほとんどすべてなんだよ。

「モーセの十戒《じっかい》」で言えば、「汝《なんじ》、殺すなかれ」は、ある意味で宗教的なんだよ。「汝、殺すなかれ」という、十戒の一条だけを普遍《ふへん》化すれば、原発だって危ないかもしれないし、中国や北朝鮮《きたちょうせん》を刺激《しげき》しても危ないかもしれないし、韓国《かんこく》を刺激しても危ないし、あっちもこっちも危ない。憲法を改正しても、また戦争が始まって命が危なくなるかもしれない。

要するに、「敵の命が、どうの、こうの」というより、「自分の命が危なくなるかもしれない」というような問題だね。

だから、「憲法改正に賛成か、反対か」という質問の次に、「あなたは戦場で死ねますか」という質問が来るわけよ。

「憲法改正に賛成ですか。反対ですか」と訊かれ、「賛成です」と言ったら、「では、憲法九十六条が改正され、国会議員の二分の一（過半数）の賛成で憲法改正の発議《ほつぎ》ができることになったとき、今の与党《よとう》なら、すぐに憲法九条の改正ができますね」と訊かれ、「はい。そうでしょうね」と答えることになる。

そして、「あなたは、そのとき、『徴兵制で戦争に行き、死んでください』と言われたら、喜んで行きますか」と訊かれ、「いやあ、それは困る」と答えると、「困るのだったら、それに最初から反対しなくてはいけないのではないですか」と言われる。こうなってくるんですね。

結局、「自分の命がいちばん惜《お》しい」ということが日本教の本質です。

命の値段の高い国では、人が死ぬことは嫌《いや》がられる

小林　「正義よりも生命《せいめい》を優先するのであれば、結局、それは原始宗教的なアニ

ミズムのようなものである」ということをおっしゃりたいのでしょうか。

山本七平　そうでもないんだけどね。

でも、アメリカも、今、少し、そうなってきつつあるんだよ。「正義のために戦う」と言っていたのに、だんだん被害《ひがい》が大きくなると、そうも言っていられなくなる。イラクなど地球の裏側で、アメリカの青年が大勢死ぬと、親がギャアギャア言うからさ。アメリカでは人命の値段が高いのでね。

中国ぐらいだよね、「一億人ほど死んでも構わん」とか言えるのは。あるいは、インドもそうかもしれない。「互《たが》いに殺し合って、どちらが何億人死んでも大丈《だいじょう》夫《ぶ》」というような国は、この二つぐらいしかないでしょう。

アメリカでは人命の値段が高いから、百人が死んでも大騒《おおさわ》ぎになる。

結局、日本も人命の値段が高いんだと思うよ。生涯《しょうがい》賃金が高いからね。「生涯賃金が二億円も三億円もある」というのは、外国から見たら、「うわあ、高いっ！」という感じでしょう。三億円もあったら、他のアジアの国では、ものすごい数の人たちが食える。村一つが暮らせるかもしれない。

そういうことから考えると、日本人の人命の値段は高いわけだね。

それで、命の値段が高いところでは、人が死ぬのを嫌《いや》がるようになるわけだ。

「人命は大事だ」という考え方は、宗教的か否《いな》か

小林　そうすると、基本的には、日本であろうとアメリカであろうと、あるいは、キリスト教社会であろうとなかろうと、「今、世界には、普遍的な正義を説ける宗教や思想がない」ということでしょうか。

山本七平　まあ、そうだね。

でも、中世のキリスト教国では、火あぶりをやりまくっていたわけだからさ。中世だけではなく、近世でも、ボストン辺りでは、魔女裁判《まじょさいばん》をして、けっこう〝魔女〟を処刑《しょけい》していた。あれは、三百年前でしょう？　そのころでも、まだ、そういうことをやっていた。

だから、最近まで、「宗教的真理に反する者は殺しても構わない」ということが、まかり通っていたわけだ。

君たちが〝攻《せ》め込《こ》んだ〟ガリレオだって（『公開霊言《れいげん》　ガリレオの変心』〔幸福の科学出版刊〕参照）、生前、火あぶりが怖《こわ》くて自説を撤回《てっかい》したぐらいだからさ。いや、「いっそ死んでくれたほうが面白《おもしろ》かった」と私は思うんだけどね。そうしたら、科学史のなかに燦然《さんぜん》と輝《かがや》く英雄《えいゆう》になっていたかもしれないけど、命が惜しくて撤回したぐらいだ。

そのように、つい最近まで、「宗教的真理に反する」と思われると、殺されたわけですから、それに比べれば、「命のほうが大事だ」ということには、宗教的でありながら、実は宗教的ではなくなってきている面が、あることはあるね。

5 「天皇制」存続の背景

奉《たてまつ》る対象を「天皇」から「平和憲法」に変えた日本

小林　先般《せんぱん》、東条英機《とうじょうひでき》元首相の霊《れい》を、ここにお呼びしましたとき（『公開霊言《れいげん》東條英機、「大東亜《だいとうあ》戦争の真実」を語る』〔幸福実現党刊〕参照）、東條元首相は、霊言のなかで、一点、非常に面白《おもしろ》いことを言っておられました。

それは何かと言いますと、われわれの事前の想定とは少し違《ちが》い、「東條首相は、開戦の危《あや》うさや問題点をよく理解し、かなり合理的な思考をしていた」ということが分かったのですが、質問者が、「なぜ、それを天皇陛下に言わなかったのですか」と訊《き》いたところ、「いや、そういうことを言える『空気』ではなかった」

ということをおっしゃったのです。

もう少し具体的に言いますと、東條元首相は、「自分が政権に就《つ》く前の段階で、すでに『現人神《あらひとがみ》思想』なるものがあり、『現人神から発された言葉に対しては抗《あらが》えない』という、厳然たる考え方、ある種の思想が定着していたのだ。それは今の君たちには分からないかもしれないが、そういうものと自分は直面していた。そのことを、よく理解してほしいのだ」というような発言をなされました。

山本七平さんは、生前の著作において、「偶像《ぐうぞう》である現人神を、この国は平気で乗り換《か》えられる。天皇陛下を現人神として奉《たてまつ》っていた朝日新聞の人が、次の日から、奉る対象を『平和憲法』にコロッと置き換えた。こういうことを平気でできるのが『空気』の支配の特徴《とくちょう》だ」と述べておられました。

こういうことは今の日本でもよく起きるのですが、「中身にかかわらず、平気で乗り換えられる」ということを、どのように見ておられますか。

昭和天皇は、明治天皇と競争していた?

山本七平「空気」といっても、属人性があるというか、人間に付随《ふずい》して起きる場合がかなりあるので、一般論だけで言えない面もあるんだけどね。

先ほどの昭和天皇の話で言うと、東條が本心を全部語れたかどうかは知らんけども、彼が言いたかったのは、本当は、こういうことだと思うんだよ。

戦後の昭和二十五年(一九五〇年)ぐらいからだと思うけど、急に「空気」が変わり、「戦争責任は、全部、東條英機以下、軍部と彼の内閣にある。東條総理大臣兼《けん》陸軍大将の下《もと》では軍部が全権を握《にぎ》っており、その軍部が独走した。陛下も蚊帳《かや》の外に置かれ、状況《じょうきょう》がよく分からないまま、戦争をやらされた。天皇は上に乗せられていただけだ」というかたちにして、すべてを軍部の責任にし、天皇制を維持《いじ》することに努めることになった。

昭和二十五年ぐらいから、急に、そういう「空気」に変わったけど、それまでは、そうではなかった。

戦争中、昭和天皇は、かなり細かいことまで知っていたんだよ。作戦の細かいところまで報告を受け、聞いていたし、人事についても、そうとう細かいところまで手を出しておられた。

だから、今あなたが言った、「逆《さか》らえない空気」とは何か。

まあ、専門家である軍人たちの一部には、「この戦いには負ける」という意見も、実際にかなりあったんだけど、昭和帝《てい》は昭和帝で、明治帝と競争していたのよ。

明治帝は、日清《にっしん》・日露《にちろ》という二度の大きな戦いに勝たれ、「神」になられた。この重石《おもし》がすごく大きかったので、昭和帝には、「自分だって、そういうことを起こしてみたい」という気持ちがおありだったと思う。

だから、「実際には、こうなりますよ」という意見が、いろいろとあっても、昭和帝は、それを聞きたくなかっただろうし、「明治帝のように、自分の治世《ちせい》で、日本が勝つところを確認し、大帝として名を遺《のこ》したい」という気持ちを持っておられたのではないかな。

戦後とは違い、昭和の前半の昭和帝は、まだ若かったのでね。大正時代には摂《せっ》政《しょう》をしておられたけど、昭和二十年に終戦だから、そのときでも、やっと中年ぐらいで（終戦時に四十四歳《さい》）、人生の半ばぐらいの年だっただろうからね。まあ、そういう意欲を少し持っておられたと思うし、天皇は、本当は、細かいところまで、かなり知っておられたんだ。

戦後、ある時期から〝案山子《かかし》〟になった昭和天皇

山本七平　昭和天皇は明治憲法下では主権者であられたけど、戦後、新しい憲法

ができると、国民が主権者になり、天皇は、主権者ではなく、国民統合の象徴になられた。それにもかかわらず、昭和天皇は、新憲法制定後も、実は、まだ戦前と同じことをやっておられた。

だから、戦後の外務大臣などで、まだ戦前と同様の意識を持っている人たちは、細かいことでも、逐一《ちくいつ》、天皇陛下に報告し、ご裁可を得ていた。

ところが、ある首相が、まあ、名前も言えるんだけど、「新憲法下では、そういうことを天皇は知るべきではない」と言って、天皇に報告しなくなった。

首相が報告しなくなっても、外務大臣が、いちいち報告を天皇に上げていたときもあったんだけど、そのうち、天皇陛下も、日本の「空気」の流れを感じるようになられ、「田んぼの案山子《かかし》のように、〝立っているだけ〟にならなくてはいけないのだ」と分かってき始めて、しだいに変化していかれた。

「憲法九条」と「象徴《しょうちょう》天皇制」はワンセット

山本七平　今、問題になっているのは、実は、こういうことなんだよ。安倍《あべ》さんが「憲法九条の改正」をやろうとしているけども、実は、「憲法九条の存在」と、「象徴《しょうちょう》天皇制として天皇を残すこと」とはワンセットだったのよ。

つまり、憲法九条によって日本が骨抜《ほねぬ》きになり、「日本は軍隊を持ちません。二度と戦いません」ということであれば、天皇を象徴として残しても構わないけども、軍隊を動かす元首だったら残せないから、天皇は死刑《しけい》になり、天皇制は廃《はい》止《し》になるわけですよ。

憲法九条によって軍隊が一切《いっさい》なくなれば、天皇の軍隊は存在しないんだから、戦いようがないではないですか。「これだったら、天皇がいても別に構わない」ということになる。憲法九条と象徴天皇制はワンセットだったわけ。

ところが、安倍さんは、憲法九条を、「軍隊を持っても構わない」というかたちに変え、さらに天皇を元首に戻《もど》そうとしている。これだと戦前の完全復活になるわけだから、反論が起きてきている。憲法九条を改正し、天皇に元首としての実権を戻そうとしていることは、戦前と同じようになる動きであるわけね。

だから、憲法九条と象徴天皇制はワンセットであり、「憲法九条を受け入れる代わりに天皇制を残す」という裏約束があったわけよ。

ところが、安倍さんは、その裏約束を破って憲法改正をやろうとしているので、今、揉《も》めているんだよ。

人間宣言のあと、天皇には「けじめ」が必要だった

小林 「憲法九条など、今、いろいろな制約になっており、改正を要する部分、すなわち、時代にそぐわず、われわれの重荷《おもに》になっている部分が、なぜ、わざわ

ざ新憲法に入ったか」ということについて、「実は、天皇制を存続させるためのバーター（交換条件《こうかんじょうけん》）だった」という見方があります。

「憲法九条と天皇制の存続とはコインの裏表《うらおもて》だった」というご指摘《してき》は、確かに、そのとおりではないかと思います。

山本七平　東條英機は、「天皇は、人間宣言をしたあと、何らかのけじめをつけるべきではなかったか」と言ったんだろう？　それは、かなり率直《そっちょく》な意見だと思うけどね。「自分たちが責任を取るのは当然だが、天皇にも、人間宣言をしたあと、何らかのけじめは必要だったのではないか」と言ったんでしょう？　これは、かなり厳しい意見だけど、開戦時の首相であるからこそ言えた言葉だろうね。

それは、「自分たちは死を決意して開戦しておるから、まさか天皇だけが生き延びることができるとは思わなかった」ということだろうと思うんです。「戦争をする」ということは、負けた場合、タダでは済みませんから。日清戦争だって、日露戦争だって、「向こうのほうが強い」と言われていたから、日本人は「日本は負ける」と思っていた。ロシアのバルチック艦隊《かんたい》と戦うときには、日本は、もう、いわゆる世紀末現象のような状態だった。バルチック艦隊は、ノストラダムスの予言にある、「恐怖《きょうふ》の大王」のようなもので、「バルチック艦隊が来たら、日本は全滅《ぜんめつ》」と思っていましたから、明治天皇以下、みんな、死ぬぐらいの覚悟《かくご》でいたんですよ。

だから、「昭和天皇も、開戦して戦っている以上、負けた場合には、自分にも責任が及《およ》んでくることぐらい、当然、覚悟なされているものだ」と、こちらも思ってはいたけど、戦後、天皇は「人間宣言」をし、ずっとそのままでおられた。あれには東條さんも驚《おどろ》かれたのかなと思われる。

軍人だったら、それは潔《いさぎよ》くないからね。たとえ元首であっても、軍隊を持っている元首の場合には、通常、いちおう軍人としての機能は持っている。

だから、「天皇は、戦後、『知らぬ、存ぜぬ』のかたちを取り、〝飾《かざ》り〟になることで生き延びた。そのなかには何か裏表がおありになるのではないですか」ということで、東條さんは諫言《かんげん》なされたのかとは思うんだけどね。

不況《ふきょう》や国難は「上に立つ者の徳の不足」の影響《えいきょう》

山本七平　われらのように、一兵卒としてフィリピンの島で人を殺していた人間にとっては、東條も天皇も一緒《いっしょ》だけどさ。われわれにとっては、東條さんだろうが、天皇だろうが、両方とも、本当に鬼《おに》みたいなものでございましてね。

「殺さなければ、殺される」という戦場に放り込《こ》まれた人間としては、もはや、「神も仏もあるものか」という感じではあったけど、誰《だれ》かに責任を取ってほしい気持ちはあったですね。

だから、そういう複雑なものが、裏には、いろいろとあるわけよ。

だけど、「国体を護持《ごじ》することが、日本の国民にとっては幸福だろう」ということで、「天皇には責任は一切ない」ということにし、いろいろなものを歪《ゆが》めながら、その制度を残していった。

また、国民も、だいたい、それを知りながら、我慢《がまん》していた。戦前、よく鍛《きた》えられた国民なので、忍耐《にんたい》に次ぐ忍耐を知っていたのでね。

そのうちに、景気もよくなり、国も再建されていったので、国民の幸福感がだんだん高まっていった。そういうことでしょう?

でも、不況《ふきょう》が始まったり、国難が来たりすると、それで、また天皇の位置がグラグラしてくる。それは中国と同じですよ。不況等が続くと、「上に立つ者の徳の不足の影響《えいきょう》ではないか」と思われてしまう。

平成の世は、あまり景気がよくなかったね。それは、やはり、影響が出ていますよ。それを、上に立つ者としては、ちゃんと感じている。それから、皇太子さまのほうにも影響は出ているわね。

平成の世は、あまり豊かではなかったし、次に国難が来ようとしている。最近、天皇陛下は心臓の病気も患《わずら》われたけど、実は、今、生きた心地《ここち》がしていないと思う。「戦争になったときに、いったい、どうなるのか」ということを感じていると思う。

「自分には、もう、そんなに先はない」とは思っているだろうけど、今の皇太子さま以降で、本当に外国と戦争になったとき、「どうなるのだろうか」ということを考えると、夜、眠《ねむ》れないような状況だと思うよ。

小林　ありがとうございます。非常によく分かりました。

6 「バターン死の行進」の真相

日本軍は捕虜《ほりょ》に残虐《ざんぎゃく》な行為《こうい》を行ったのか

小林　今、フィリピンの時代の話が出ましたので、一点、のちのちのためにコメントを頂きたいことがあります。

現在、幸福の科学は、「南京大虐殺《ナンキンだいぎゃくさつ》はなかった」「従軍慰安婦《じゅうぐんいあんふ》はいなかった」と強く主張しているのですが、この問題の〝主戦場〟は中国や韓国《かんこく》だけではなく、実はアメリカもそうなのです。自民党の動きを見ていると、アメリカの受け取り方を、すごく気にしており、その影響《えいきょう》を受けていると感じられます。

特に、南京大虐殺等の議論を推《お》し進めると、アメリカから、「日本軍は、フィリピンなどで、捕虜《ほりょ》に対し、残虐な行為《こうい》をした」という反論が来ることも想定されます。

一例を挙げると、「バターン死の行進」（注。第二次大戦中のフィリピンでは、日本軍によって、七万人以上もの米比軍の捕虜が、捕虜収容所までの約六十キロの距離《きょり》を、三日間、炎天下《えんてんか》のなか、徒歩で移動させられ、疲労《ひろう》や病気等で数千人が死亡したとされている）がそうです。

ただ、これについても、いろいろな人が調べた結果、「当時のアメリカの主張は捏造《ねつぞう》だったのではないか」という意見がかなり強くなっています。

山本さんは実際にフィリピン戦線に行かれたわけですが、現地での感覚というか、印象は、どのようなものだったのでしょうか。

捕虜《ほりょ》と共に歩き、同じものを食べた日本兵

山本七平　それにはねえ、誤解もあるよ。

アメリカは自分たちで日本の輸送船をたくさん沈《しず》め、日本の物資や車両などを、全部、海の藻屑《もくず》にしたんだからね。だから、こちらには、捕虜《ほりょ》を乗せて運ぶだけのトラックがなかったんだよ。

「バターン死の行進」とか言うんだろうが、あれは、捕虜も歩いたけど、日本の軍人さんも、みんな歩いたんだ。車なんか、ないんだよ。〝日野《ひの》自動車〟なんて走ってはいないんだよ。そんな車両なんか、なかったのさ。だから、「このくらい、根性《こんじょう》で歩け」というもので、インパール作戦だって、そうだよ。みんな、歩いて行ったんだ。

日本は、アメリカとは違《ちが》い、どんどんデトロイトで車をつくってくれるような

国ではなかったし、たまにつくっても、すぐに輸送船が沈められてしまうから、車両は現地に届かない。

食料についてだって、イギリス兵は、「木の根っこを食べさせられ、虐待された」と言っていたらしいけど、ゴボウを食べさせたんだよな。

ゴボウなんて、日本人の主たる食料だよ。日本の兵隊さんもゴボウを食っていたんだからさ。「イギリス人がゴボウを食わないとは知らなかった」という話だよな。韓国人だって朝鮮人参《ちょうせんにんじん》を食っているんだから、根っこぐらい食うのは東洋の文化なんでね。

「木の根っこを食わされた。虐待された」と言っているんだけど、日本兵も同じものを食っていたので、それには誤解がかなりあるよ。

実際、長距離の行軍をしたから、捕虜たちのなかには死んだ人も大勢いる。それは無理な移動ではあったけども、ほかに手段が何もなかったことは事実だし、そうなったことには、彼らが日本の兵站《へいたん》部門を攻《せ》め込《こ》んでいたことの影響がそうとうある。

また、「捕虜を殺そう」と思ってやったわけでないことは、間違いない。ただ、捕虜に好待遇《こうたいぐう》を与《あた》えるほどの余裕《よゆう》はなかったのよ。

日本の兵隊は「月月火水木金金」の状態だった

山本七平　ましてや、「慰安所として、銀座の高級キャバレーのようなものを開《ひら》いていた」と、もし想像しているのだったら、とんでもない間違いですよ。

そういうことをするのはアメリカ軍なんですよ。アメリカ軍は、まず周りから固めていく。「休みの日を、どう過ごすか。どうやってストレスを抜《ぬ》くか」ということを考え、兵隊さんが、プールで泳いだり、テニスコートでテニスをやったりする。これがアメリカの考え方だね。

だけど、日本には、そんな考え方はない。日本人は、ほとんどの場合、「月月火水木金金」であり、年中無休で働いていた。休みとかレジャーとか、そういう気持ちや考えがないのよ。

でも、アメリカ人は、そういうことをするから、「自分たちと同じように、日本人も、そういうことをしている」と見ていたわけだ。

平和時の感覚で言う「暴行や虐待《ぎゃくたい》」はなかったと断言

山本七平　実際に、日本人は、少ない食料で、ずっと働き詰《づ》めだった。だから、そういう悲惨《ひさん》な状態のなかでは、「人肉を食った」という噂《うわさ》が絶えなかったね。日本人が食ったとは言わん。何人《なにじん》が食ったかは知らんけどね。

実際、作家の大岡昇平《おおおかしょうへい》は、「人の肉でも食わないと生きていけない」というような話を書いていたと思う。

また、中内功《なかうちいさお》のように、「革靴《かわぐつ》の革や底を食った」というぐらい、飢餓《きが》状態の人もいたわけだから、君、慰安婦なんか買っている場合ではなかったんですよ。食料がなくて、もう死にかかっていたんだからさあ。

水も、ほとんど黴菌《ばいきん》が湧《わ》いて、すごい水ばかりなので、みんな、食あたりで胃腸系統をやられていた。衛生上、すさまじい状態だったですね。マラリアなど、南方の病気に罹《かか》り、大勢の人が次々と死んでいっている状態だったからね。

だから、平和時の感覚で言う、暴行とか虐待《ぎゃくたい》とかいうようなものは、私の実感としてはなかった。

ほとんど、「生き延びられるかどうか」という、この一点だった。「戦争が終わって、日本に帰れるのか」という一点に、ほぼ、かかっていて、それ以外に夢はなかったね。

なかには、「自分は、もう死ぬだろう」と思い、「靖国《やすくに》（神社）で祀《まつ》ってくれるのだろうか」と考えている人もいたね。

だから、「靖国で祀ってほしい」と願うか、「家族のもとに帰りたい」と願うか、このどちらかだった。

われわれは南方で戦っていたけど、「南方を攻め取られたら、日本は空襲《くうしゅう》に遭《あ》い、家族たちは火の海のなかで焼かれ、死んでいく。何とかして、われわれが食い止めねばならん」という気持ちで、みんな戦っていたわなあ。

まあ、ひどい状態だったと思う。

でも、アメリカ人にも被害《ひがい》は出たから、彼らは、すごく怒《おこ》っているんだろうと思うけどね。

捕虜《ほりょ》収容所で女性の下着を洗わされた日本兵の屈辱《くつじょく》

山本七平　イギリス人なんて、ひどいもので、自分たちは貴族のような生活をしていたからね。インドでもビルマ（現ミャンマー）でも、ほかのところでも、みんな、ほとんど貴族だよ。

だから、急に捕虜《ほりょ》になったイギリス人には、自分たちへの扱《あつか》いが、すごい虐待に見えたんだろうね。まあ、生活レベルに差があったのかもしれない。

虐待といえば、京大の先生が捕虜収容所（ビルマ）について書いていただろう。『アーロン収容所』を書いた人がいたよ。誰《だれ》だったかな。

小林　会田雄次《あいだゆうじ》です。

山本七平　会田雄次だね。彼なんか、「イギリス軍の捕虜にされたあと、日本兵がイギリス人女性の下着を洗わされた」というので、怒《おこ》りまくっていたよな。「くそっ。日本人を人間とは思っとらん」と感じたわけだね。

もし、相手を、人間、「man《マン》」だと思っていたら、イギリス人女性は、男性に対し、「私の下着を洗え」とは絶対に言いませんからね。でも、イギリス人は日本人を「猿《さる》だ」と思っているから、日本人の男性に女性の下着を洗わせた。日本人は、そういうことを捕虜にさせていませんけど、彼らはやらせました。それは、そういうことをインド人にやらせたのと同じ考え方によるものですよ。

それを屈辱《くつじょく》と感じ、あの京大教授は、そのことをずっと言い続けていたわね。

だから、それには「文化的な価値観の違い」が少しあるんじゃないかな。

7 「差別思想」をどう考えるか

歴史が「文化的な価値観の違《ちが》い」をつくる

高間　「文化的な価値観の違《ちが》い」があるとのことですが、「日本人を差別し、猿《さる》と同じようなものとして考える」という欧米《おうべい》の考えと、日本教と言われながらも、「一人ひとりを大切にし、一視同仁《いっしどうじん》で平等に考える」という日本の考えと、この両者の優劣《ゆうれつ》については、今、どのようにお考えですか。

山本七平　それは、歴史がつくってくるものだからね。インドにだってカースト制があるから、アジアに差別がないわけではない。それは文化としてつくられたものだから、何が善で何が悪かは分からない。韓国《かんこく》にだって、貴族階級とそうでないものに分ける、両班《ヤンバン》の思想があるしな。

先ほどの会田雄次《あいだゆうじ》の話で言えば、「イギリスの女性が、捕虜《ほりょ》になった日本の兵隊さんに自分の下着を洗わせ、その男性の前を裸《はだか》で歩いておった」というんだからさあ。こちらを人間と思っていない証拠《しょうこ》でしょう?

「日本人はセックスアニマルで、そういうものを見て喜んでいたか」というと、そんなことはないよ。屈辱《くつじょく》で、みんな、顔を真っ赤《か》にして怒《おこ》っていたんだよ。

イギリス人女性は、イギリス人男性の前では、裸でなんか歩きませんよ。ところが、下着を脱《ぬ》いで日本兵にポイッと渡《わた》し、その前を平気で裸で歩いている。日本人を人間だと思っていないから、平気なのよ。

この感覚、分かる? 帝国《ていこく》軍人は怒っておったのです、この扱《あつか》いに対して。「これは、自決を言われるよりも悔《くや》しい」という思いを持っていたんですね。

まあ、何が正しいかどうか、分からないよ。

「古い文化」を「新しい文化」が崩《くず》せないことも

山本七平　ユダヤ人は、「自分たちは、神に選ばれた民《たみ》、優《すぐ》れた民だ」という選《せん》民《みん》思想を教わり、そうやって、ずっと『聖書』を読んできたのに、国がなくて千九百年間も世界を放浪《ほうろう》し、「金貸しのユダヤ人」と言われて差別され、最後はヒトラーによって〝始末〟をつけられる羽目《はめ》になった。そういう歴史もある。

彼らは、「神の言葉を信じる自分たちは優れた民族なのだ」と思ってはいたが、現実には、あちこちで金貸しとして嫌《いや》がられた。

このユダヤ人を蔑視《べっし》する思想がなかったら、シェークスピアの物語だって成立しないからね。例の「胸の肉を一ポンド切り取ろうとする話」だな（『ヴェニスの商人』）。あれもユダヤ人の金貸しの話だよね。ユダヤ人は、それほど嫌《きら》われとったからさ。

だから、「人間がつくった文化」と「神が命じたもの」と「時代」とに、ずれがあった場合には、いろいろなことが起こる。

インドのカースト制は、おそらく、仏陀《ぶっだ》よりもっともっと前の、昔の神がつくったものだろうと思うけど、その古い文化が遺《のこ》っていて、新しい文化が、「それを崩《くず》そう。明治維新《いしん》のように引っ繰《く》り返そう」としても、引っ繰り返せない場合があるんだよな。

だから、価値観の問題は難しい。

今、君たちが、「神が、現在、地上に降りられている。エル・カンターレの教えを世界に広げなければいけない」と言っても、白人たちは、なかなか、それを信じない。

白人は、いまだに、「イエス・キリストはサダム・フセインと同じ人種だ」ということを認めないからね。「イエス・キリストは、人種的には、サダム・フセインと、ほとんど〝親戚《しんせき》〟です。同じような顔つきをし、同じような肌《はだ》の色をし、同じような食料を食べ、同じような生活をしていた〝仲間〟ですよ。本当に〝近所〟です」と言っても、それを白人は信じない。絶対に聞き入れない。

イエス・キリストは黄色人種《おうしょく》ですよ。でも、それを言うと、ヨーロッパの人やアメリカ人は、いちばん嫌がるね。

8 日本とユダヤにまたがる「転生《てんしょう》の秘密」

「日本霊界《れいかい》」と「ユダヤ霊界」につながりはあるか

小林 ありがとうございます。そろそろ、最後のほうの質問になるのですが、最近、この場所にお呼びしている何人もの霊人《れいじん》の方から、日本の霊界《れいかい》とユダヤの霊界に関するコメントがけっこうありました。

山本七平 ふーん……。

小林 例えば、「実は、この二つの霊界はつながっている」という話や、「本当は同じ神様なんだ」といった話が、けっこう多いんですね。

山本七平　うーん。

小林　山本七平さんは、まさに、その、『日本人とユダヤ人』というテーマでデビューをされた方で、今日、お話を伺《うかが》っていましても、「日本霊界」と「ユダヤ霊界」の両方を股《また》にかけている感じもございます。

そこで、「高天原《たかまがはら》」とも言われる、いわゆる「日本の霊界」と、「ユダヤの霊界」の関連などについて、何か、コメントいただけることや、お教えいただけることがあれば、たいへんありがたいのですが……。

山本七平　うーん、まあ……、「神様たち」というか、「高級霊」というか、そういうものがたくさんいたというところが共通しているわなあ。

ユダヤには、「歴史上、偉《えら》い方がたくさんいた。天使などは下のほうの存在で、もっと上のクラスの方が大勢いた」という話が、数多く出てきている。

日本にも、「高天原の神々や、天使のような存在が大勢いた」ということで、「自分たちの民族は偉い」と言っているようなところは一致《いっち》しているわなあ。まあ、小文字のｇｏｄ《ゴッド》かもしれないけども……。

それから、昔の日本人がどうだったかは知らんけども、まあ、「現代の日本人は金儲《かねもう》けに走っている」というところも、ユダヤ人と似ている。ここのところは、まあ、一緒《いっしょ》だな。

ただ、「安全」ということについてだけは、ちょっと感じが違《ちが》うかな。ユダヤのほうは、「安全は、そう簡単には維持《いじ》できない」と思って警戒《けいかい》し、気を許していないわね。

今だって、アラブ諸国やヨーロッパも含《ふく》めた国々に滅《ほろ》ぼされないように、ものすごく警戒をしているから、ものすごく軍事力が強力だ。あの（人工的に）移植した小さな国が、アメリカと同じ装備を有していて、核《かく》ミサイルだって持っているわけだ。

だから、（イスラエルは）アラブ全部だって滅ぼすことができるぐらいの力を持っている。そうしなければ、自分たちが全員滅ぼされる。「また、『第二のホロコースト』が始まるかもしれない」ということに対する警戒心は、すごく強い。

この「安全」に対する考えについては、やはり、海に囲まれている分だけ、もう少し日本は平和というか、「攻《せ》められる前に、ある程度分かるだろう」と思っているようなところがある。ここは、まあ、違っているかな。

それで、「（日本とユダヤの）霊界はつながっているかどうか」みたいなことについては、資料が非常に少ないために分からない。ただ、「『山本七平とイザヤ・

ベンダサンがつながっていた』というところはどうか」なんて疑問はあるかもしれないけども（笑）、まあ、どうなんだろうねえ。

「熾《し》天《てん》使《し》」や「七大天使」など、天使にもレベルがある

山本七平　霊界というのは、上（の世界）へ行けば行くほど、霊人の数が少なくなっているから、〝隣《となり》近所〟との付き合いが増えるのかどうかは、よく分からないね。

だけど、うーん、まあ、ちょっとは似ているところもあるのかなあ。『旧約聖書』を読むと、「天使」というのは、神格を持った高級霊のなかでは、いちばん下のレベルなのよ。天使には下のレベルから、たくさんランキングがあるんだけど、いわゆる「大天使」とか「七大天使」とかいうのでも、実は、神様の層のなかでは、いちばん下の層の二番目のリーダーなのよ。

ユダヤの霊界には、まだ、この上があることになっていて、神様の次に偉いのは、「熾天使《してんし》」（セラフィム）という天使なんだよ。この「熾天使」の「熾」というのは、まあ、「燃える」という字を書くわけだけど、これが何を意味するかだね。

『旧約聖書』の預言書のなかに、「燃える六つの翼《つばさ》を持った天使」というのが出てくる。二つの翼で顔を隠《かく》し、二つの翼で足を隠し、二つの翼で飛翔《ひしょう》する。このように、燃えるような姿をしている六翼《ろくよく》の熾天使という存在が、天使軍の一番上にいるんだね。

大天使ミカエル以下の七大天使は、天使軍のなかで言うと、上・中・下の下の段階の真ん中の段階なんだ。そういうセラフィムという熾天使や、智天使《ちてんし》というのが上にいて、その次に能天使《のうてんし》などがいて、最後に、いわゆる大天使以下の天使軍がある。こういう構造になっているわけよ。

『旧約聖書』や『古事記』等に書き記《しる》された宇宙との交流

山本七平　まあ、「エゼキエル書」なんかを読むと、天使について、もう、宇宙船か何かにしか見えないような表現もしていたりしているね。数多くの目や足、羽などがあったり、回転するものが付いていたりと、まあ、変なものもたくさん出てくる。

そういうふうに、古代文書《もんじょ》を見たら、宇宙との交流もあったかのような、宇宙人みたいな天使や神様、宇宙船みたいなものなどがたくさん出てくるんだよ。

実は、日本も同じなんだよなあ。高天原のなかの高千穂峰《たかちほのみね》のほうに「天鳥船神《あめのとりふねのかみ》」というのが降りて、それで、神武《じんむ》さんのいた、いわゆる日本発祥《はっしょう》の地のほうの、もとの大和《やまと》の国のほうに、「天磐船神《あめのいわふねのかみ》」というのが降りた。空から南九州と奈良《なら》に降りた神の名が違う。天鳥船神と天磐船神。

奈良には、何か、装甲車《そうこうしゃ》みたいな、装甲で覆《おお》われた岩石の塊《かたまり》のような、ごっつい宇宙船を思わせる神が降りたらしい。宮崎《みやざき》に降りた神様のほうは、まあ、ジェット機かヘリコプターか知らんが、何か、羽のついた乗り物の神様が降りたらしい。『古事記』を読めば、どうも違うらしい宇宙船が出てくるわなあ。

このように、『旧約聖書』を読んでも、日本の『古事記』や『日本書紀』を読んでも、やはり、「宇宙とも交流があったらしい」というのが出てくる。

その古さから見て、たぶん、「宇宙から来ている者が、古代のユダヤに降りてきて、支配、あるいは指導をしていた。また、日本の古代にも、何らかの指導をしていた者がいた」と思うんだね。

日本のルーツはムー、ユダヤのルーツはアトランティス

山本七平　もちろん、日本のルーツはもっと古いんだろう。そのルーツは、おそ

らくムーだろうと思う。

だから、「ムーの時代に指導していた者が、日本をつくるときに、また指導したのだろう」とは思うけども、イスラエルのほうに行っている者は、もともと、古代エジプトを指導した者であり、その前にはアトランティスを指導していた者であろう。ただ、宇宙から来ていた者が、何か影響《えいきょう》しているだろうと思うね。まあ、「そのへんのところで、何か関連が多少あるのではないか」というぐらいのことは、私にも想像はつく。

ただ、そこから先については、残念ながら、「山本七平」の意識ではちょっと届かないので、まあ、あなたがたのほうの霊団《れいだん》の高級霊にお訊《き》きいただかないといけない。それについては、私の力としては及《およ》ばないので、何とも言いかねるが、おそらく、「古代においてつながりがあったのではないか」と思われる。だから、「宇宙からのルーツに何か関係がある」と推定しますね。うーん。

過去世《かこぜ》はユダヤ史を書き遺《のこ》した歴史家ヨセフス

小林　ありがとうございます。お話を伺っていますと、山本七平さんのお亡《な》くなりになったあとに還《かえ》られた霊界は、日本的な霊界というよりは、むしろ……。

山本七平　へへ……、ヘッヘッヘッ……。

小林　ユダヤ的、キリスト教的な色彩《しきさい》と言いますか……。

山本七平　さあ。

小林　そちらに近いほうの霊界に還られたように感じますが、いかがでしょうか。

あるいは、日本の霊界とも融合《ゆうごう》しているのか、そのあたりは、どんな感じなんでしょうか。

山本七平　ヘッヘッ……。どうなんだろうねえ。今回、日本人として生まれたから、やはり、日本に関心はあるんだろうけどさあ。まあ、あれだけキリスト教の本ばかり出していたから、過去世《かこぜ》があちらの人だということは、ほぼ確実だ。まあ、そういう感じだわなあ。過去世は、おそらくユダヤ人だろうねえ。

小林　ええ。「具体的には、この時代だ」とか、何かお教えいただけるところがあれば、ぜひ参考にさせていただきたいのですが……。

山本七平　うーん、ある意味では、イエスの同時代人ではあったんだけども、

「ヨセフス」といって、ユダヤの歴史を書いた人がいるんだよね。まあ、イエスについては、「そういう人がいたらしい」ということを、少ししか書いていない。『義の教師』と呼ばれた人がいて、十字架《じゅうじか》に架かった」（『ユダヤ古代誌』）ということを簡単に書いただけだった。当時は、そんなに偉い人だとは思わなかったので、まあ、簡潔に書いただけではあるんだけど、そのヨセフスというのが私です。

小林　ああ、そうですか。

高間　ヨセフスは、「ユダヤ民族の滅び」をその目で見たわけですけれども、今、この日本をご覧になったときに、これからの未来に対する警告などは、何かありますでしょうか。

山本七平　いやあ、「核ミサイルの時代」になったら、もう、どうしようもないんじゃない？　うーん、「滅びるか否《いな》か」の二者択一《たくいつ》だね。いや、「滅びるか、属州になるか。あるいは、戦って勝つか」の三択だわな。うーん……。

小林　ヨセフスはたいへん重要な記録を遺《のこ》されたわけですが、ヨセフス以外にも何かお教えいただける時代などはありますか。

山本七平　そのあと、ユダヤは国がなくなっているからね。

小林　ええ、ええ。

山本七平　国がなくなっているから、まあ、基本的に、ユダヤ人としての活躍《かつやく》というのはあまりないんだけど、ものを書いたりするような仕事などでは、いろいろと出たりしているかな。まあ、ヨーロッパ系のほうが少し多いかもしれないね。

小林　ああ、そうですか。

直前世《ちょくぜんせ》は江戸《えど》時代の町人思想家・富永仲基《とみながなかもと》

小林　日本に生まれたのは、今回が初めてでしょうか。

山本七平　いや、そんなことはない。

小林　そうしますと、それこそ、今、神話になっているような、古代の時代あたりでしょうか。

山本七平　うーん、いや、そんな昔ではないけども。そうだねえ、時間軸《じく》で言うと、まあ……、江戸《えど》時代に一回出ているね。江戸時代に、民間というか民衆の間で塾《じゅく》が流行《はや》って、町民が勉強できる時代が来ただろう?

小林　ええ。

山本七平　「心学などが流行った時代あたりで仕事をしていた」というようなことは言えるかな。

小林　ああ、そうですか。

山本七平　うん。まあ、あのあたりの時代でね、そういう、民間の学者みたいな、思想家みたいな感じの人として存在したかな。

小林　今、「思想家だった」とおっしゃいましたが、お名前は……。

山本七平　まあ……、そんなに、ずっと偉くはないんだけれど、日本史の教科書にチラッと出てくるので、センター試験で九割以上取る人なら知っているぐらいの名前だよ。うん。

小林　（笑）（会場に向かって）何か見当のつく方はいらっしゃいます?

綾織　（会場から）山片蟠桃《やまがたばんとう》ですか。

山本七平　うーん……、近いな。

綾織　富永仲基《とみながなかもと》ですか。

山本七平　うん。いやあ、そのものだ。うーん。

小林　ああ、そうですか。ありがとうございます。

山本七平　（綾織を指して）あの人、偉いねえ。誰《だれ》だ？

小林　ええ。「ザ・リバティ」誌の編集長ですので。

山本七平　ああ、君らはすごい人を持っているんだなあ。一発目で当てた。すごいなあ。

（綾織に）君ぃ、もう一回、センター試験を受けても受かるぞ（会場笑）。

9 「空気」の支配から脱《だっ》するために

「今後、日本が目指すべきもの」をつくっている幸福の科学

高間　今、「江戸《えど》時代に、富永仲基《とみながなかもと》として、民間人を教育していた」と伺《うかが》いました。

そこで、現代に生きる一般《いっぱん》の人々が「空気」の支配から脱《だっ》するためには、一人ひとりが個の自覚を持って知性を磨《みが》くことも大事だと思うのですが、このあたりについて、何かアドバイスはございますか。

山本七平　まあ、でも、戦後、いわゆる「マス教育」というマス・エデュケーシ

ヨン自体は、いちおう成功したんじゃないか。つまり、明治以降、ずーっと西洋を追いかけていた分については、いちおう成功してきたんじゃないかねえ。

ただ、今はちょっと行き詰《づ》まっていて、これから先のものが欲《ほ》しくなっているんでしょう？　そして、この先のところをつくっているのが、あなたがたなんでしょう？　それを、今、幸福の科学がつくろうとしているんじゃないの？　「日本が目指すべき先の部分をつくろう」と、「高天原《たかまがはら》への道」を舗装《ほそう》しようとしているのが、あなたがたなんじゃない？

もし日本が「日米覇権《はけん》戦争」に勝っていたら？

山本七平　日本は、明治以降、ずーっと頑張《がんば》ってきて、結局、アメリカと戦争したけど、やはり、これには、一部、「覇権《はけん》戦争」の色彩《しきさい》があったと、私は思うよ。たぶん、大川さんも、そんな考えなんだろうけどね。

当時、日清《にっしん》・日露《にちろ》戦争を戦い、「GDP世界一」だった清国に勝ち、次に、「軍事力世界一」と言われ、ドイツでも勝てないロシアにも勝った。第一次大戦でも、戦勝国側に回っていた。そして、その次は、もう、アメリカが「チャンピオン戦」に臨《のぞ》んでくるしかなかったじゃない？　これは、どう見たって、アメリカが出てくる。「この戦いは必然だった」と思うよ。これをやらないと、「ナンバーワン戦」の勝敗がつかないのでね。

歴史の「IF《イフ》」だけど、もし、あのとき日本が勝っていたら、「黄色人種《おうしょくじんしゅ》の時代」が来たんだ。間違《まちが》いないよ。これは間違いない。だから、初期の計画である大東亜共栄圏《だいとうあきょうえいけん》、八紘一宇《はっこういちう》の思想は実現していたと思うよ。たぶん、今のEUみたいなものを環《かん》太平洋につくって、日本が議長国として牛耳《ぎゅうじ》っている時代になっていただろうねえ。

そして、アジアに植民地を持っていたヨーロッパを全部追い出したことは間違いない。だから、アメリカもハワイまで来られたかどうかは疑問で、やはり、ハワイから追い出された可能性が高いだろうな。アメリカはハワイから追い出されてしまい、(日本が)向こうまで行ってしまった可能性は高いね。

だから、うーん……、それを、今、中国がもう一回やろうとしているんじゃないの? 実際には、かつての日本がやりたくてもできなかったことを、「今度は自分たちの番かいな」と、中国がやろうとしているんじゃないの? まあ、そんな感じに見えるけど。

小林　そうしますと、二番手以下の国としてついていく間には、わが国も「空気」の支配でよかったのでしょうが、やはり、「フロントランナー」として、世界の先頭に立ったら、「空気」に支配されていては困ります。要するに、日本がナンバーワンの国になり、世界をリードするような国となるには、やはり、「空気」が支配する国ではなく、「考え方」や「正しさ」に基《もと》づいて行動していかなければいけないと思うのですが。

山本七平　まあ、ちゃんとしたリーダーが存在すれば、いちおう、みんな、それについていくと思う。しかし、ちゃんとしたリーダーが出てくるまでは、「空気」で軍隊アリみたいに動いていくだろうね。

「原爆《げんばく》」と「原発」の違《ちが》いが分からないらしいマスコミ

山本七平　今だって、原発のところで、国内のマスコミも揺《ゆ》さぶられているし、国民も揺さぶられている。

例えば、今、「北朝鮮《きたちょうせん》が、『日本の原発に奇襲《きしゅう》をかけて混乱を起こせば、核《かく》ミサイルを当てなくても、それと同じぐらいの被害《ひがい》が出る。日本が大パニックになってしまえば、要するに、（日本が）韓国《かんこく》を応援《おうえん》できなくなるから、孤立《こりつ》した韓国をやれる』という作戦を立てていた」という情報が出てきているようだ。

ああいう情報で揺さぶっているのだと思うんだけど、まあ、「原子力爆弾《ばくだん》と原子力発電所は違《ちが》う」ということが、今のマスコミになかなか分からないらしいのは、気の毒なことだね。「原子力発電所というのは、原爆みたいな爆発の仕方をしない」というのが分からないらしい（笑）。文科系の人のほうが多いから、それも、まあ、しかたがないのかもしれないけど、「同じようになる」と思っているらしいんだよなあ。

だから、チェルノブイリ原発事故なんかも、原爆が爆発して人々が死んだみたいに思っているらしいけど、あれは違うんだ。あの原子炉《げんしろ》の爆発は、普通《ふつう》のダイナマイトの爆発と同じパターンなんだよな。規模的には少し大きいかもしれないが、ダイナマイトの塊《かたまり》が爆発したのと、ほとんど同じ現象なんですよ。原子炉の爆発というのはね。

だから、それだけでは、原爆が爆発したみたいには、絶対に、絶対にならないのよ。いかなる物理学者であってもそれをやることはできないんですよ。ガリレオをもってきてもできないんです。

要するに、原子炉を原爆に変えることはできないんですよ。起爆装置がないからね。絶対、それはありえないんですよ。だから、単なる爆発にしかすぎないんです。

まあ、確かに、「ウランが飛び散る」とか、そういうことはあるかもしれませんけど、それにしても、やや大きめのダイナマイトの爆発程度ぐらいにしか、被害はいかないのでね。

北朝鮮《きたちょうせん》による「日本の原発攻撃《こうげき》作戦」の大きな勘違《かんちが》い

山本七平　だから、北朝鮮《きたちょうせん》も間違《まちが》っていると思うんだ。「日本の原子力発電所を攻撃《こうげき》することには、原爆を落とすのと同じ効力がある」と思っているようだけど、これは勘違《かんちが》いだ。実は、たいへんな勘違いをしていて、攻撃しても、それは、単に爆発するだけなんです。ダイナマイトの塊が爆発するのと同じ現象で、それ以上のものではないんです。

まあ、放射能自体は消えていくものなので、どんどん半減していくんですよ。放っておけば放射能は消えるんです。だって、広島の人にも、長崎《ながさき》の人にも、奇形児なんて生まれていないではないですか。「何にも（影響《えいきょう》が）残っていない」ということですよ。

あれは、原爆が爆発したときの熱で焼けて死んだ人と、それから、爆風で建物が壊《こわ》れ、その下敷《したじ》きになって死んだ人がほとんどであって、原爆自体の放射能で、遺伝的に大勢の人が死んだわけではないんですよ。

本当は、旧ソ連のチェルノブイリもそうなんです。あれは勘違いされているんです。間違った情報がマスコミに入って、それが今も流れていて、支配しているんですが、原発と原子爆弾は絶対に違うんですよ。「起爆装置がないものは爆発できない」ということです。（マスコミは）それをちょっと勘違いなさっているように思いますね。

原爆を小型化し、濃縮《のうしゅく》して、それを爆発させるには、ものすごく高い技術が要《い》るんです。本当は北朝鮮も、濃縮して小型化するのに、ものすごく苦労しているわけです。そういう技術がなければ、爆弾としては爆発しないのでね。だから、原子炉自体は爆発しないんですよ。まあ、「ダイナマイトのような爆発の仕方しかしない」ということです。

マスコミの原発報道は「恐怖心《きょうふしん》」による部数増狙《ねら》い？

山本七平　これを、日本のマスコミは、ほとんど知らないんですよ。全然、分かってないんです。だから、レントゲンみたいな放射線でも、いまだに怖《こわ》がってビクビクして、もう原爆と同じように思っているところがあるんですよねえ。

これは、まあ、「かわいそうだなあ」とは思うんだ。いちおう、われわれにまで、そのくらいの情報は回っているんですけど、「空気」で動くから、誰《だれ》かがそういう恐怖心《きょうふしん》の塊になれば、みんな同じように反応するんですね。

（アメリカの）スリーマイル島の原発事故なんかとも、同じように捉《とら》えているんだろうけど、「日本の場合は、そうではない」というのが、どうも、相変わらず分かっていないようですね。

結局、マスコミ人には、やはり、夏にスリラーものをやると流行《はや》るのと同じよ

うな現象で、「みんなを怖がらせると、売れ行きがよく、部数が伸《の》びる」という
ところが、どうしてもあるのではないでしょうか。
「原子炉と原爆は違う」というのは、分かっていることなのよ。これは、はっきりしている。しかし、これについて明確に言っているものを、僕《ぼく》は、あまり見たことがないんだけどねえ。

10 「新しい言論人」の輩出《はいしゅつ》を！

霊言《れいげん》ばかりでなく、論陣《ろんじん》を張る人材の発掘《はっくつ》が急務

小林　本日は、いろいろと多岐《たき》にわたってご高説を頂き、本当にありがとうございました。

山本七平　君らも、少しは自前で言論人を出さなければいけないんじゃないか。やはり、ちょっとやらないといけないんじゃないかねえ。だから、論陣《ろんじん》を張る人を、もっとたくさん出さないといけないような気がするなあ。少し足りないんじゃないか。

こんな、死んで幽霊《ゆうれい》になっているような人を呼んでやっているけど、俺《おれ》らは〝真夏の幽霊〟みたいなものだからさ。これでは、ちょっと〝あれ〟なんじゃないの？

まあ、新聞紙に（霊言《れいげん》の）広告が載《の》せられるところまでいったのは偉《えら》いと思うけど、もうちょっと仲間内から言論人を発掘《はっくつ》しないといかん感じはする。まあ、そんな感じがするんだけどなあ。

小林　はい。ありがとうございます。ぜひ、努力してまいりたいと思います。

山本七平　俺たちがこう言うても、多少、広告が載る以上、ある程度の信用があるんだろうとは思う。

「霊が降りる」というところは、日本国中、宗教団体の数ぐらいあるんだろうと思うし、まあ、「一人の霊が降りてきて、その一人がいろんな人の名前を騙《かた》って何役もする」ということもできなくはないけど、本にしてみたものを読めば、「語るに落ちたり」になるのがほとんどだ。

だから、ほかのところに、広告を載せるほどの信用はないし、君らに、ある程度の信用がついたことは事実だけども、まだ、もう一段、攻勢《こうせい》に出ないといけないのではないかねえ。

だから、うーん……、もうちょっと、論敵に対して、いろんな人が言論を出していかなければいけないんじゃないか。何だか、そんな感じがしてしょうがないよ。

「これから活躍《かつやく》する人」をいち早く見抜《みぬ》け

山本七平　まあ、俺は早く死んだかもしんねえけどさ、今、君たちが相手をしているのは、だいたい、俺と同世代か、ちょっと下ぐらいの評論家あたりだ。そのなかでも、評価が固まっている筋で、だいたい引退間際《まぎわ》の方あたりとお友達になって、ご交流されているみたいだけど、これから出てくる人を信者にして活躍《かつやく》させないといけないのではないかねえ。

小林　そうですね。よく分かりました。

山本七平　もう、そういう人たちは、みんな消えていくからさ。確かに、彼らには名誉《めいよ》だけどね。名誉だけど、消えていくから、これから活躍する人を、いち早く見抜《みぬ》く部門をつくらないといけないのではないかな。（小林に）広報局とか言うんだったら、どこかで、「これは出てくるんじゃないか」というやつを、いち早く見つけて育てなければいけないんじゃないかねえ。

掘《ほ》り出してやらなければいけないよ。

小林　ええ。ありがとうございます。ぜひ、その方向で、「人材の山脈」をつくるべく、頑張《がんば》りたいと思います。

現実の政治を動かすのは〝幽霊《ゆうれい》〟ではなく、生きている人間

山本七平　〝幽霊《ゆうれい》〟がいくら言ってもいいけど、しょせん、幽霊は幽霊だから。まあ、今の俺は、何だか、ものが持てるんだけど（コップを手に取る）、この世のものに触《ふ》れても通り抜けてしまうのが幽霊の証明だからさ。

まあ、きりがないところがあるんだよな。「幽霊で現実の政治を動かそう」というのは、少し無理があるんじゃないか。

やはり、現実の政治に対しては、生きている人間が言わないといけない。神評《かみひょう》

定《じょう》を、高天原《たかまがはら》だけではなくて、生きている人間たちがやらないといけないのではないかな。

だから、次の世代を発掘しなければいけないのではないかねえ。次に出てくる、三十代、四十代ぐらいの人たちを育てなければいけないのではないかなあ。

「素質はあるが条件が整わない人」をスカウトして政治家に

山本七平　政治家もそうだと思うよ。優秀《ゆうしゅう》だけども、「今、その条件がなくて出られない」という人たちがいると思うんだ。

時間をかければ、必ず、こういう人たちが君らのところからたくさん出てくるようになる。いつまでも出来合いの職員だけで立候補していても、通らんものは通らんかもしれない。

やはり、筋があるからね。政治家になりたくて生まれている人はいるからさ。

だけど、「地盤《じばん》がない」とか、「政治家の親から生まれていない」とか、「政治家の娘《むすめ》と結婚《けっこん》していない」とか、そういうことがあるし、あるいは、「億の単位の金が要《い》る」と聞いただけで、やはり、サラリーマンは、みんな怯《ひる》むわなあ。それはできない。

そういう、「政治に出たいけど出られない人」がいるからさ。そういう、「政治家になる素質はあるけれども、条件が整わない」というあたりの人を、上手にスカウトしなければいけないのではないかな。

小林　そうですね。はい。

山本七平　そうしたら、それは、国にとってもプラスだからね。

素質のある人が分からないから、〝三代目〟みたいな人ばかりが政治家になってくるんじゃないの？　これは、やはり貧困《ひんこん》だよな。

小林　ええ。ぜひ、新しい人材の発掘で、新しい国をつくってまいりたいと思います。

山本七平　俺みたいに、突如《とつじょ》、出てくるような者《もん》もいるわけだからさ。山本書店というところの書店主がペンネームで出てきて、やるようなこともあるわけだから、一つ、人材の発掘でも当てるべきだ。

ものを書く人でも、政治家でも、ちょっといい人を新しく発掘すれば、実績ができるから、そうすると、ほかにも次々とタケノコみたいに出てくると思う。そういう面が、少し弱いのではないかなあ。

小林　はい。分かりました。たいへん貴重なご意見をありがとうございます。

高間　ありがとうございます。

山本七平　はい。

11 「山本七平の霊言《れいげん》」を終えて

大川隆法　そこそこの人でしたね。

富永仲基《とみながなかもと》は、「加上説《かじょうせつ》」を唱えた人です。仏教のお経《きょう》を読み、「お経にはいろいろあるが、どうも成立した年代が違《ちが》うのではないか。古いものから新しいものまである」ということを見抜《みぬ》いた日本人であり、そうとう慧眼《けいがん》の人です。

現代の仏教学では、お経に年代差があることが分かっていますが、江戸《えど》時代に、経文《きょうもん》を読んで、「古いものと新しいものがある」というめどをつけ、そして、それが当たっていたのです。

そのことが、当時の中国では、まだ分かっておらず、日本で分かっていたわけです。つまり、彼は、中国人にも分からなかった中国語のお経を、日本で読んで、「古いものと新しいものが次々と積み重なっている」と見抜いた人なのです。

その意味では、確かに、「宗教に関係があるだけではなく、考古学者的なものの見方ができ、時代考証ができる人であった」ということでしょう。

まあ、「そこそこの人ではあった」ということです。よかったですね。はい。

（手を一回叩《たた》く）

あとがき

日本を支配する「空気」の正体を明らかにし、空気を動かす技術《テクニック》を持ちし者が、真の日本の実力者と言えるかもしれない。

自由の国では、言論の統制は難しい。政治の世界では、人権の重視から自由の領域の拡大へと向かいつつある。今、世界各地で、インターネットの普及もきっかけとなって、大規模デモが起き、独裁的政府が倒されつつある。いよいよ情報の隠蔽《いんぺい》と操作が難しい時代となってきたのだ。

ただ恐れることはない。自由と情報公開の時代は、同時に、「事実は事実、真実は真実」と主張し続ける者が勝利する時代でもあるからだ。目に見えぬ「空気」によって政治が動かされる時代から、神仏の眼から見た地球的正義によって世界が動かされる未来が、もう始まったのだ。

二〇一三年　七月一日

幸福《こうふく》の科学《かがく》グループ創始者兼総裁《そうししゃけんそうさい》　大川隆法《おおかわりゅうほう》

『公開霊言 山本七平の新・日本人論 現代日本を支配する「空気」の正体』

大川隆法著作関連書籍

『幸福の法』（幸福の科学出版刊）
『小室直樹の大予言』（同右）
『公開霊言 ガリレオの変心』（同右）
『ダイエー創業者 中内㓛・衝撃の警告 日本と世界の景気はこう読め』（同右）
『本多勝一の守護霊インタビュー』（幸福実現党刊）
『幸福実現党に申し上げる――谷沢永一の霊言――』（同右）
『公開霊言 東條英機、「大東亜戦争の真実」を語る』（同右）

公開霊言《こうかいれいげん》 山本七平《やまもとしちへい》の新《しん》・日本人論《にほんじんろん》
現代日本《げんだいにほん》を支配《しはい》する「空気《くうき》」の正体《しょうたい》

2013年7月11日　初版第1刷

著　者　　大《おお》川《かわ》隆《りゅう》法《ほう》

発行所　　幸福の科学出版株式会社

〒107-0052 東京都港区赤坂2丁目10番14号
TEL(03)5573-7700
http://www.irhpress.co.jp/

印刷・製本　株式会社 東京研文社

落丁・乱丁本はおとりかえいたします

ISBN978-4-86395-357-4 C0030

大川隆法 霊言シリーズ・韓国・北朝鮮の思惑を探る

安重根は韓国の英雄か、それとも悪魔か

安重根 & 朴槿惠大統領守護霊の霊言

なぜ韓国は、中国にすり寄るのか?
従軍慰安婦の次は、安重根像の設置を打ち出す朴槿惠・韓国大統領の恐るべき真意が明らかに。

1,400円

神に誓って「従軍慰安婦」は実在したか

いまこそ、「歴史認識」というウソの連鎖を断つ! 元従軍慰安婦を名乗る2人の守護霊インタビューを刊行! 慰安婦問題に隠された驚くべき陰謀とは!?
【幸福実現党刊】

1,400円

北朝鮮の未来透視に挑戦する

エドガー・ケイシー リーディング

「第2次朝鮮戦争」勃発か!? 核保有国となった北朝鮮と、その挑発に乗った韓国が激突。地獄に堕ちた"建国の父"金日成の霊言も同時収録。

1,400円

※表示価格は本体価格(税別)です。

大川隆法霊言シリーズ・中国の今後を占う

中国と習近平に未来はあるか

反日デモの謎を解く

「反日デモ」も、「反原発・沖縄基地問題」も中国が仕組んだ日本占領への布石だった。緊迫する日中関係の未来を習近平氏守護霊に問う。【幸福実現党刊】

1,400円

周恩来の予言

新中華帝国の隠れたる神

北朝鮮のミサイル問題の背後には、中国の思惑があった！ 現代中国を霊界から指導する周恩来が語った、戦慄の世界覇権戦略とは!?

1,400円

小室直樹の大予言

2015年 中華帝国の崩壊

世界征服か？ 内部崩壊か？ 孤高の国際政治学者・小室直樹が、習近平氏の国家戦略と中国の矛盾を分析。日本に国防の秘策を授ける。

1,400円

幸福の科学出版

大川隆法 霊言シリーズ・正しい歴史認識を求めて

原爆投下は人類への罪か?

公開霊言 トルーマン & F・ルーズベルトの新証言

なぜ、終戦間際に、アメリカは日本に2度も原爆を落としたのか?「憲法改正」を語る上で避けては通れない難題に「公開霊言」が挑む。
【幸福実現党刊】

1,400円

公開霊言 東條英機、「大東亜戦争の真実」を語る

戦争責任、靖国参拝、憲法改正……。他国からの不当な内政干渉にモノ言えぬ日本。正しい歴史認識を求めて、東條英機が先の大戦の真相を語る。
【幸福実現党刊】

1,400円

本多勝一の守護霊インタビュー

朝日の「良心」か、それとも「独善」か

「南京事件」は創作!「従軍慰安婦」は演出! 歪められた歴史認識の問題の真相に迫る。自虐史観の発端をつくった本人(守護霊)が赤裸々に告白!
【幸福実現党刊】

1,400円

※表示価格は本体価格(税別)です。

大川隆法 霊言シリーズ・現代政治へのアドバイス

大平正芳の大復活

クリスチャン総理の緊急メッセージ

ポピュリズム化した安倍政権と自民党を一喝！ 時代のターニング・ポイントにある現代日本へ、戦後の大物政治家が天上界から珠玉のメッセージ。

【幸福実現党刊】

1,400円

中曽根康弘元総理・最後のご奉公

日本かくあるべし

「自主憲法制定」を党是としながら、選挙が近づくと弱腰になる自民党。「自民党最高顧問」の目に映る、安倍政権の限界と、日本のあるべき姿とは。

【幸福実現党刊】

1,400円

サッチャーのスピリチュアル・メッセージ

死後 19 時間での奇跡のインタビュー

フォークランド紛争、英国病、景気回復……。勇気を持って数々の難問を解決し、イギリスを繁栄に導いたサッチャー元首相が、日本にアドバイス！

1,300円

大川隆法 霊言シリーズ・マスコミの本音を直撃

ニュースキャスター
膳場貴子の
スピリチュアル政治対話
守護霊インタビュー

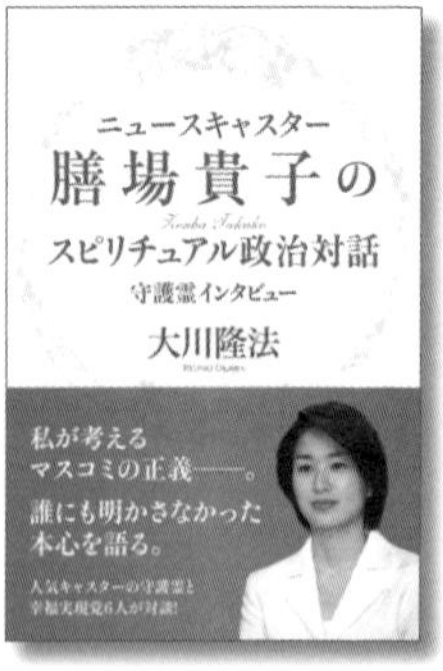

この国の未来を拓くために、何が必要なのか? 才色兼備の人気キャスター守護霊と幸福実現党メンバーが、本音で語りあう。
【幸福実現党刊】

1,400円

ビートたけしが
幸福実現党に挑戦状
おいらの「守護霊タックル」を受けてみな!

人気お笑いタレントにして世界的映画監督——。芸能界のゴッドファーザーが、ついに幸福実現党へ毒舌タックル!
【幸福実現党刊】

1,400円

筑紫哲也の大回心
天国からの緊急メッセージ

筑紫哲也氏は、死後、あの世で大回心を遂げていた!? TBSで活躍した人気キャスターが、いま、マスコミ人の良心にかけて訴える。
【幸福実現党刊】

1,400円

※表示価格は本体価格(税別)です。

大川隆法霊言シリーズ・政治学者シリーズ

篠原一東大名誉教授「市民の政治学」その後

幸福実現党の時代は来るか

リベラル派の政治家やマスコミの学問的支柱となった東大名誉教授。その守護霊が戦後政治を総括し、さらに幸福実現党への期待を語った。

【幸福実現党刊】

1,400円

スピリチュアル政治学要論

佐藤誠三郎・元東大政治学教授の霊界指南

憲法九条改正に議論の余地はない。生前、中曽根内閣のブレーンをつとめた佐藤元東大教授が、危機的状況にある現代日本政治にメッセージ。

1,400円

憲法改正への異次元発想

憲法学者NOW・芦部信喜 元東大教授の霊言

憲法九条改正、天皇制、政教分離、そして靖国問題……。参院選最大の争点「憲法改正」について、憲法学の権威が、天上界から現在の見解を語る。

【幸福実現党刊】

1,400円

幸福の科学出版

大川隆法 ベストセラーズ・最新刊

素顔の大川隆法

素朴な疑問からドキッとするテーマまで、女性編集長3人の質問に気さくに答えた、101分公開ロングインタビュー。大注目の宗教家が、その本音を明かす。

1,300円

地獄の方程式

こう考えたらあなたも真夏の幽霊

どういう考え方を持っていると、死後、地獄に堕ちてしまうのか——その心の法則が明らかに。「知らなかった」ではすまされない、霊的真実。

1,500円

日本の誇りを取り戻す

国師・大川隆法　街頭演説集 2012

2012年、国論を変えた国師の獅子吼。外交危機、エネルギー問題、経済政策……。すべての打開策を示してきた街頭演説が、ついにDVDブック化！

街頭演説
DVD付

【幸福実現党刊】

2,000円

※表示価格は本体価格（税別）です。

大川隆法 ベストセラーズ・希望の未来を切り拓く

未来の法

新たなる地球世紀へ

暗い世相に負けるな! 悲観的な自己像に縛られるな! 心に眠る無限のパワーに目覚めよ! 人類の未来を拓く鍵は、一人ひとりの心のなかにある。

2,000円

Power to the Future

未来に力を

英語説法集
日本語訳付き

予断を許さない日本の国防危機。混迷を極める世界情勢の行方——。ワールド・ティーチャーが英語で語った、この国と世界の進むべき道とは。

1,400円

教育の使命

世界をリードする人材の輩出を

わかりやすい切り口で、幸福の科学の教育思想が語られた一書。イジメ問題や、教育荒廃に対する最終的な答えが、ここにある。

1,800円

幸福の科学出版

幸福の科学グループのご案内

宗教、教育、政治、出版などの活動を通じて、地球的ユートピアの実現を目指しています。

宗教法人　幸福の科学

一九八六年に立宗。一九九一年に宗教法人格を取得。信仰の対象は、地球系霊団の最高大霊、主エル・カンターレ。世界百カ国以上の国々に信者を持ち、全人類救済という尊い使命のもと、信者は、「愛」と「悟り」と「ユートピア建設」の教えの実践、伝道に励んでいます。

（二〇一三年七月現在）

愛

幸福の科学の「愛」とは、与える愛です。これは、仏教の慈悲《じひ》や布施《ふせ》の精神と同じことです。信者は、仏法真理をお伝えすることを通して、多くの方に幸福な人生を送っていただくための活動に励んでいます。

悟り

「悟り」とは、自らが仏の子であることを知るということです。教学《きょうがく》や精神統一によって心を磨き、智慧《ちえ》を得て悩みを解決すると共に、天使・菩薩《ぼさつ》の境地を目指し、より多くの人を救える力を身につけていきます。

ユートピア建設

私たち人間は、地上に理想世界を建設するという尊い使命を持って生まれてきています。社会の悪を押しとどめ、善を推し進めるために、信者はさまざまな活動に積極的に参加しています。

国内外の世界で貧困や災害、心の病で苦しんでいる人々に対しては、現地メンバーや支援団体と連携して、物心両面にわたり、あらゆる手段で手を差し伸べています。

年間約３万人の自殺者を減らすため、全国各地で街頭キャンペーンを展開しています。

公式サイト **www.withyou-hs.net**

ヘレン・ケラーを理想として活動する、ハンディキャップを持つ方とボランティアの会です。視聴覚障害者、肢体不自由な方々に仏法真理を学んでいただくための、さまざまなサポートをしています。

公式サイト **www.helen-hs.net**

教育

学校法人 幸福の科学学園

学校法人 幸福の科学学園は、幸福の科学の教育理念のもとにつくられた教育機関です。人間にとって最も大切な宗教教育の導入を通じて精神性を高めながら、ユートピア建設に貢献する人材輩出を目指しています。

幸福の科学学園

中学校・高等学校(那須本校)

2010年4月開校・栃木県那須郡(男女共学・全寮制)

TEL 0287-75-7777

公式サイト **happy-science.ac.jp**

関西中学校・高等学校(関西校)

2013年4月開校・滋賀県大津市(男女共学・寮及び通学)

TEL 077-573-7774

公式サイト **kansai.happy-science.ac.jp**

幸福の科学大学(仮称・設置認可申請予定)

2015年開学予定

TEL 03-6277-7248(幸福の科学 大学準備室)

公式サイト **university.happy-science.jp**

仏法真理塾「サクセスNo.1」

小・中・高校生が、信仰教育を基礎にしながら、「勉強も『心の修行』」と考えて学んでいます。

TEL 03-5750-0747(東京本校)

不登校児支援スクール「ネバー・マインド」

心の面からのアプローチを重視して、不登校の子供たちを支援しています。
また、障害児支援の「**ユー・アー・エンゼル!**」運動も行っています。

TEL 03-5750-1741

エンゼルプランV

幼少時からの心の教育を大切にして、信仰をベースにした幼児教育を行っています。

TEL 03-5750-0757

NPO 活動支援

学校からのいじめ追放を目指し、さまざまな社会提言をしています。また、各地でのシンポジウムや学校への啓発ポスター掲示等に取り組むNPO「いじめから子供を守ろう！ネットワーク」を支援しています。

ブログ **mamoro.blog86.fc2.com**

公式サイト **mamoro.org**

相談窓口 **TEL.03-5719-2170**

政治

幸福実現党

内《ない》憂《ゆう》外《がい》患《かん》の国難に立ち向かうべく、二〇〇九年五月に幸福実現党を立党しました。創立者である大川隆法党総裁の精神的指導のもと、宗教だけでは解決できない問題に取り組み、幸福を具体化するための力になっています。

党員の機関紙
「幸福実現NEWS」

TEL 03-6441-0754
公式サイト hr-party.jp

出版
メディア
事業

幸福の科学出版

大川隆法総裁の仏法真理の書を中心に、ビジネス、自己啓発、小説など、さまざまなジャンルの書籍・雑誌を出版しています。他にも、映画事業、文学・学術発展のための振興事業、テレビ・ラジオ番組の提供など、幸福の科学文化を広げる事業を行っています。

TEL 03-5573-7700
公式サイト irhpress.co.jp

入会のご案内

あなたも、幸福の科学に集い、ほんとうの幸福を見つけてみませんか？

幸福の科学では、大川隆法総裁が説く仏法真理をもとに、「どうすれば幸福になれるのか、また、他の人を幸福にできるのか」を学び、実践しています。

入会

大川隆法総裁の教えを信じ、学ぼうとする方なら、どなたでも入会できます。入会された方には、『入会版「正心法語」』が授与されます。（入会の奉納は1,000円目安です）

ネットでも**入会**できます。詳しくは、下記URLへ。
happy-science.jp/joinus

三帰《さんき》誓願《せいがん》

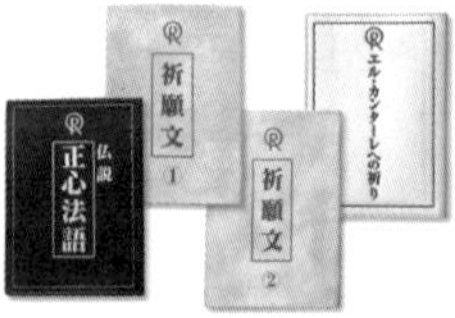

仏弟子としてさらに信仰を深めたい方は、仏・法・僧の三宝への帰依を誓う「三帰誓願式」を受けることができます。三帰誓願者には、『仏説・正心法語』『祈願文①』『祈願文②』『エル・カンターレへの祈り』が授与されます。

植福《しょくふく》の会

植福は、ユートピア建設のために、自分の富を差し出す尊い布施の行為です。布施の機会として、毎月1口1,000円からお申込みいただける、「植福の会」がございます。

「植福の会」に参加された方のうちご希望の方には、幸福の科学の小冊子（毎月1回）をお送りいたします。詳しくは、下記の電話番号までお問い合わせください。

月刊「幸福の科学」

ザ・伝道

ヤング・ブッダ

ヘルメス・エンゼルズ

INFORMATION

幸福の科学サービスセンター
TEL. 03-5793-1727（受付時間 火～金：10～20時／土・日：10～18時）
宗教法人 幸福の科学 公式サイト **happy-science.jp**